Training der Gefühle

Rezső Pertorini zum Gedenken

Peter Popper

Training der Gefühle

Emotionales Gleichgewicht
Selbstkontrolle
Konzentration
Meditation

 VEB Verlag Volk und Gesundheit Berlin 1989

Doz. Dr. med. Peter Popper

Leiter des Lehrstuhls für Medizinische Psychologie an der Semmelweis-Universität, Budapest

Titel der ungarischen Originalausgabe:

A belsö utak Könyve

erschienen in der Schriftenreihe

"Gyorsuló idö" (Eilende Zeit)

© Magvetö Kiado, Budapest 1981

Der Titel wurde von Frau Karin Fritzsche, Berlin, übersetzt.

Training der Gefühle /
von Peter Popper. – 1. Aufl. –
Berlin : Verl. Volk u. Gesundheit 1988. – 93 S.

ISBN 3-333-00354-6

1. deutschsprachige Auflage
© VEB Verlag Volk und Gesundheit Berlin 1989
Lizenz-Nr. 210 (700/75/89)
LSV 0199, 1009
Lektor: Gudrun Jänisch
Hersteller: Nicola Käthner
Printed in the German Democratic Republic
Satz: (140) Druckerei Neues Deutschland, Berlin
Druck und buchbinderische Weiterverarbeitung:
Druckerei Märkische Volksstimme, Potsdam
Umschlaggestaltung: Gabriele Schwesinger
Bestell-Nr.: 534 688 1
00320

Vorwort

Wer möchte sich nicht während seines Lebens körperlichen, psychischen und sozialen Wohlbefindens erfreuen! Doch das ist keine Gabe der Natur, die sich ohne menschliches Zutun einstellt oder auch nicht. Vielmehr handelt es sich um ein Ideal, dem in der Wirklichkeit näherzukommen, es vielfältiger gesellschaftlicher und persönlicher Anstrengungen bedarf. Als Voraussetzung, um weitergesteckte Lebensziele erreichen zu können, gehört das Streben nach Gesundheit und Leistungsfähigkeit bis ins hohe Alter zu den Orientierungen sozialistischer Lebensweise und Persönlichkeitsentwicklung. Das ist ein Anliegen sozialistischen Gesellschaftsfortschritts, das vom Staat gefördert wird und bei dem der Beitrag jedes einzelnen unverzichtbar ist. Dazu gehört nicht nur, gesellschaftliche Maßnahmen zum Schutz von Leben und Gesundheit zu unterstützen, sich gesundheitsdienlich zu ernähren, Genußmittel maßvoll zu sich zu nehmen, Körperkultur und Sport zu treiben u. ä.

Zu einer gesundheitsfördernden Lebensführung gehört es auch, die Fähigkeiten auszubilden und intakt zu halten, die nötig sind, um psychisch belastende Umstände und Ereignisse, Schwierigkeiten und Konflikte im täglichen Leben, in Ehe und Familie, im Beruf und anderen Lebensbereichen zu bewältigen, ohne nach Möglichkeit an seiner Gesundheit ernsthaft Schaden zu nehmen. Das Psychische, die subjektive Realität der Gedanken, Gefühle und des Willens, ist eine Welt in uns, die auf ihre Weise die äußere Welt und die Beziehungen zu ihr abbildet, entwirft und bewertet. Sie unterliegt eigenen, erkennbaren und ausnutzbaren Gesetzmäßigkeiten. Von ihr hängt nicht nur das psychische Wohlbefinden ab, sondern wird auch das körperliche und soziale Wohlbefinden mitbestimmt, ist der Mensch doch eine "bio-psycho-soziale Einheit".

Verläufe psychischen Geschehens sind gesundheitsdienlich kontrollierbar und beeinflußbar. Den körperlichen Leistungen vergleichbar, jedoch auf ihnen angemessene Weise können auch psychische Funktionen trainiert werden. Auch das ist für den erlernbar, der die unvermeidlichen Mühen auf sich nimmt. Das vorliegende Buch ist ein Wegweiser zu diesem Ziel. Es spricht die Schwierigkeiten vieler an, ihr Leben zu führen, leitet zum Umgang mit sich selbst und individueller Psychohygiene an. Seine Lektüre ist vermutlich zur Selbstverständigung über das eigene Ich und die Probleme des Alltags selbst dann hilfreich, wenn die zweifellos nützlichen empfohlenen Übungen nicht alle absolviert werden – allein schon dadurch, wie der Verfasser Gewohntes neu, auf ungewohnte Art zu betrachten lehrt, kann es Lebenshilfe sein. Vor allem nützt es, auf vernünftige und humane Weise mit Spannungen zwischen individueller menschlicher Subjektivität und sozialer Umwelt fertig zu werden, die sich im Gefühlsleben ergeben. Dabei wird die menschliche Emotionalität in ihrer relativen Selbständigkeit und absoluten Lebenswichtigkeit voll respektiert.

Das Vorgehen des Verfassers fußt auf in vielen Jahrhunderten erdweit gesammelten und bewährten sozialen Erfahrungen der Zuwendung zum eigenen Ich, die er den Bedürfnissen der Gegenwart entsprechend rational geprüft und verarbeitet hat, und – soweit vorhanden – auf wissenschaftlich erarbeiteten Erkenntnissen. Es leitet nicht zum weltflüchtigen Rückzug auf das eigene Ich an, sondern zum Erschließen in uns gelegener Möglichkeiten, um den Anforderungen eines wirklichkeitszugewandten tätigen Lebens besser gewachsen zu sein. Auf dem Wege zu einer Ordnung der gesellschaftlichen Beziehungen, in der – um mit Marx und Engels zu sprechen – "die freie Entwicklung eines jeden die Bedingung für die freie Entwicklung aller ist", sollten Individuen und Kollektive auf dem behandelten Gebiet Bescheid wissen, verständnisvoll und hilfsbereit sein. Es ist Psychologie und Psychohygiene für die Praxis und für jedermann.

Berlin, im September 1987

Rolf Löther

Inhaltsverzeichnis

"Man muß tanzen, mein Herr!
Die Musik wird dann schon
irgendwo herkommen…"

(Kazantzakis: "Alexis Sorbas")

1. Warum und wie dieses Buch entstand

Es gibt eine Kunst, die schon seit Urzeiten bekannt ist und aus-geübt wird: die Entwicklung der Selbsterkenntnis des Menschen, die Wiederherstellung des gestörten Gleichgewichts der Psyche und das Ordnen ihrer gestörten Funktionen. Wir können sie auch "Heilung" nennen. Längst vergangene Kulturen konnten sie nicht entbehren, auch die unsere nicht. Auf diese Kunst verstanden sich Schamanen und Medizinmänner, Hexen und ägyptische Priester, Traumdeuter, Teufelsaustreiber, Geistliche, Philosophen, Ärzte, Propheten, Wahrsager und Eremiten. In Indien und in Babylon, in den kirgisischen Steppen und im afrikanischen Dschungel, in den südamerikanischen Tempelstädten, in den Wüsten, in den europäischen Dörfern und Metropolen gab es immer einen ruhigen, schattigen Ort, ein Zelt oder ein Zimmer, einen geweihten Raum, ein Kloster oder ein Orakel, wo sich zwei Menschen zusammensetzten, um ihre gemeinsamen Angelegenheiten zu besprechen: der eine bat um Hilfe, der andere versuchte zu helfen. Die Methoden schienen immer andere zu sein, doch mit den verschiedenen Ausdrucksweisen der jeweiligen Kulturen wurde unter jeweils anderem Aspekt immer wieder das gleiche gesagt, bis zum heutigen Tag – das, was der Spruch des Delphischen Orakels so treffend formuliert:
Gnothi seauton – Erkenne dich selbst!
Die Menschen erwarteten von Delphi Prophezeiungen, sie waren neugierig auf ihre Zukunft und auf ihr Schicksal. Der Prophet aber antwortete: Erkenne dich selbst, und du wirst dein Schicksal erkennen. Denn dein Schicksal bist du selbst. Über dich herrschen keine äußeren Kräfte, die Götter sind in dir, und dein Charakter und deine Persönlichkeit formen deine Zukunft. Verändere dich, und dein Schicksal wird sich verändern. Nimm dich selbst an, und du wirst dein Schicksal auch annehmen können. Das ist der tiefe Sinn des "gnothi seauton".
Unsere naturwissenschaftlichen und gesellschaftswissenschaftli-

chen Erkenntnisse haben viele versteckte Triebkräfte, Voraussetzungen und Gründe für die komplizierte Regulierung des menschlichen Verhaltens aufgedeckt − subjektive menschliche Probleme sind jedoch geblieben.

Wer bin ich? Wo ist mein Platz in der Welt, in der Ordnung der menschlichen Beziehungen? Warum bin ich unglücklich, warum fühle ich mich nicht wohl, warum kann ich meine Fähigkeiten nicht entfalten, warum gerate ich immer wieder von neuem in die gleichen Konflikte? Warum liebt man mich nicht so, wie ich es brauche, warum kann ich nicht lieben, warum bin ich so oft von Mißerfolgen und Verletzungen verfolgt? Und überhaupt, was bin ich wert? Warum bedrücken mich Ängste und Schuldbewußtsein? Warum kann ich nicht so leben wie die "anderen Menschen" − die scheinbar so leicht vorankommen im Leben, aber unter vier Augen oder insgeheim sich selbst genau dasselbe fragen.

Solches Fragen aber ist schon Ergebnis. Auf jeden Fall führt es weiter als Selbstbeweihräucherungen und die Beschuldigungen der Umgebung, der "objektiven Umstände". Dies ist bereits ein Weg, der irgendwo hinführt. Dazu ein Zitat aus dem Drama "Spiel um Job" von *Archibald MacLeish,* jene Szene, in der der "vom Pech verfolgte" Sullivan den "vom Glück verfolgten" J. B. ins Verhör nimmt, d. h. die entsprechende Figur für den biblischen Hiob im modernen Amerika:

"Wie schaffst du es, uns alle in den Sack zu stecken? Ich habe ebensoviel Verstand wie du.

Ich arbeite genausoviel. Abends brennt bei mir die Lampe.

Du hast nichts als Glück" − sagt Sullivan.

"Sieh hinaus", sage ich, "sieh aus dem Fenster! Was siehst du?"

"Die Straße", antwortet er.

"Die Straße", sage ich.

"Die Straße", sagt er.

"Wie soll ich sie sonst nennen?" fragt er mich.

"Wie du sie sonst nennen sollst?" frage ich ihn.

"Ein Weg", sage ich, "der irgendwo hinführt."

"Die Wege sind schön", schrieb *Sándor Török.* Die Wege der Selbsterkenntnis, der Selbstentwicklung und der psychischen Pflege unser selbst sind besonders vielfältig. Die Möglichkeiten der psychischen Entwicklung des Menschen zu akzeptieren, das gerät, gewollt oder ungewollt, in Widerspruch zu der übertriebenen pathologisierenden Auffassung unserer Tage, die den Begriff der psychischen Gesundheit maßlos einengt und das gewünschte Menschen-Ideal in einer Art völligen Anpassung und Konfliktlosigkeit sieht: Die Konflikte des Menschen, d. h. seine zeitweisen Schwierigkeiten im Verlauf des Lebens, sein Ringen mit sich selbst, seine "regelwidrigen" Lösungen, sein Unglücklichsein werden nicht selten als Krankheit gewertet, die der Behandlung bedarf. Natürlich kennen wir wirklich krankhafte Störungen des Seelenlebens, die unbedingt eine psychotherapeutische, psychiatrische oder sogar medikamentöse Behandlung erfordern. Doch darf man nicht jedes psychische Problem, jede Schwierigkeit, jeden Mißerfolg oder jeden ungelösten Konflikt gleich als eine zu behandelnde Krankheit ansehen. Ein Mensch, der mit sich selbst ringt, der unzufrieden ist und mit seinen Gegebenheiten kämpft, kann psychisch völlig gesund sein; im Gegenteil, seine inneren Kämpfe können gerade aus seiner Gesundheit, aus seiner Einsicht in die Probleme und aus seinem Anspruch nach Veränderungen entstehen.

Unsere von der heutigen technischen Kultur ermöglichten Bequemlichkeitsansprüche scheinen nun langsam in den Bereich der Psyche überzusickern. Wir sind zu bequem zur Formung und Erziehung unser selbst, wir sind zu träge zur Pflege unserer menschlichen Beziehungen, und wir umgehen die Lösung peinlicher und gespannter Situationen. Diese Trägheit zeigt sich nicht nur in unserer Neigung zu Kompromissen, zu Skeptizismus und Zynismus, sondern ganz allgemein in der Umgehung psychischer Anstrengungen. Lernen ist schwer – die Hypnopädie und die Suggestopädie sind unserem Herzen viel näher, überhaupt jede Möglichkeit, die uns verlockt, ohne Anstrengung zu Wissen zu gelangen. Aber können wir das wirklich? Ist es besser, ohne Anstrengung, mit einer Tablette unsere Nervosität zu verringern, als mit harter Arbeit einen Weg der Selbsterkenntnis zu gehen, um aus eigenen Kräften den Grund für unsere Spannungen zu erkennen und sie zu überwinden? Doch ist das wirklich besser? Es ist viel leichter, jemanden um Rat zu bitten, als die Verantwortung für eine Entscheidung auf sich zu nehmen. Ist aber nicht der Rat, den wir von anderen bekommen, der aus der Erlebniswelt und der Wertordnung eines anderen Menschen stammt, nicht doch unserem eigenen Ich fremd? Oder zahlen wir lieber diesen Preis, um unsere inneren Belastungen jemand anderem aufladen zu können? Es ist leichter, sich zu beklagen, als selbst die Lösung mühevoll zu erarbeiten. Dieses Buch ist nicht für psychisch Kranke geschrieben. Es ist für diejenigen gesunden Menschen gedacht, die sich "auf der

Hälfte ihres Lebensweges" früher oder später verirrt haben, die sich selbst mit dem drängenden Anspruch der inneren Unzufriedenheit, der Veränderung und der Entwicklung sehen und aus eigener Kraft zu Selbsterkenntnis und Selbstentwicklung gelangen wollen. Dieses Buch handelt von den Möglichkeiten und Grenzen der Selbsterkenntnis und der Selbstentwicklung.

So eigenartig es auch klingen mag: die innere Vorbedingung für die Möglichkeiten der Selbsterkenntnis und der Veränderung ist die liebevolle Annahme unser selbst. Ablehnung kann niemals Ausgangspunkt für eine konstruktive Erkenntnis und Entwicklung sein; sie bewirkt nur Destruktion und Verdrossenheit. Unsere eigene innere Veränderung ist nur in der Annahme unseres Ichs möglich. Ist das nicht ein Widerspruch?

Wenn wir genau auf die wirkliche Bedeutung der Worte achten, dann zeigt sich, daß "Annahme" weder Ergebenheit in die Dinge bedeutet, mit denen wir uns nicht abfinden können, noch Kritiklosigkeit. Die Annahme bedeutet nüchterne und analysierende Kenntnisnahme, die Achtung der Realität, ganz gleich wie sie ist; vielleicht ist sie gerade so, daß wir sie verändern wollen. Die Annahme bewirkt also Erkenntnis und kann gerade deshalb zum Ausgangspunkt für die nächsten Schritte werden. Die Verzerrung und die falsche Widerspiegelung der Realität – wie auch der eigenen inneren Realität – ist schlechthin die Ablehnung all dessen, was unseren Illusionen nicht entspricht; mangelnde Aufmerksamkeit, Vorurteile, zum Gesetz erhobene "Prinzipien" – das sind grundlegende Hindernisse für die Erkenntnis und die innere Revolution des Menschen.

Es gibt ein altes Bittgebet aus dem Mittelalter, das ungefähr so lautet: "Denkt nicht, meine vielgeliebten Nächsten, daß sich der Satan uns von außen nähert und wir ihm sagen können: apage, weiche! Denn der Satan wohnt in uns, und wir können nichts anderes gegen ihn tun, als ihn fest zu umarmen." Unter der religiös-mystischen Hülle verbirgt sich eine von großer Lebens- und Menschenkenntnis zeugende Wahrheit. Später haben das auch andere gesagt, einfacher und in unserer Sprache. *Thomas Mann* beschreibt den Segen des sterbenden Jakob sehr bewegend. Zuerst segnet er alle seine Söhne und Israels sämtliche Stämme. Doch in den Segen werden auch die Verfluchten aufgenommen, drei unter den zwölf. Jakob spricht Ruben, Levi und Simon menschliches Verhalten ab, nimmt sie aber trotzdem an. Deshalb können sie den väterlichen Fluch ertragen, deshalb bleibt das ganze Volk bestehen, weil auch die Verfluchten in den Segen einbezogen sind. Wie wir auch an unseren Kindern alles mögliche formen und erziehen oder anfechten können, was uns nicht gefällt – jedoch nur, indem wir sie gleichzeitig annehmen. Dann erträgt ein Kind alles und verändert sich auch. Doch wenn wir das Gemeinsame mit ihm leugnen, wenn wir ihm unsere Liebe entziehen – dann geht es zugrunde. Und so geht es uns auch mit uns selbst.

In *Millers* Drama "Nach dem Sündenfall" sagt Holga zu Quentin: "…ich habe lange Zeit jede Nacht das gleiche geträumt… daß ich ein Kind bekam; und noch im Traum sah ich, daß das Kind mein Leben war; und daß es blöd war. Und ich habe geweint und bin Hunderte Male weggelaufen, doch so oft ich zurückkam, hatte es immer das gleiche schreckliche Gesicht. Schließlich dachte ich, wenn ich es küssen könnte, denn es ist ja doch etwas in ihm, was von mir ist, dann würde ich vielleicht Ruhe finden. Und ich beugte mich über das verzerrte Gesicht, und es war abscheulich … aber ich küßte es dennoch."
"Verfolgt dich das auch heute noch?"
"Manchmal ja. Aber jetzt hat es schon irgendwie seinen Sinn, daß … es das meine ist. Ich glaube, schließlich muß der Mensch sein Leben in die Arme nehmen…"

Wir können nur dann den Mut finden, uns selbst aufrichtig ins Auge zu sehen, wenn wir uns annehmen können, mit all unseren schmerzenden, unvorteilhaften und nicht selten widerlichen Eigenschaften. Wenn wir uns selbst akzeptiert haben, und nur dann können wir – ohne Panik und Hysterie – versuchen, uns zu ändern. Ohne uns selbst zu akzeptieren, gelingt uns nicht einmal die Konfrontation mit uns selbst – wir machen uns lieber etwas vor. Und die Menschen belügen sich selbst sehr leicht – man braucht ja keine Angst vor der Entdeckung zu haben.

In der Milde müssen wir die schwere Kunst der Strenge anwenden: trotz nachsichtiger Annahme unser selbst das strenge Bemühen, in uns zu ändern, was sich zu ändern lohnt.

Was ist nun die methodische Entstehungsgeschichte dieses Buches? Viele, die bis zu dem Bedürfnis nach innerer Veränderung gelangt sind, ohne Kranke zu sein, die auf psychotherapeutische Behandlung angewiesen sind, schrecken zwangsläufig vor der Frage des "Wie" zurück. Wo und wie kann man die Übungen zur Selbsterkenntnis und Selbstentwicklung erlernen, und gibt es überhaupt solche Übungen?

Wer der Sache gründlich nachgeht, wird feststellen, daß im Verlaufe von Jahrhunderten, ja sogar Jahrtausenden große Schulen der Selbsterziehung entstanden. Diese Schulen basierten immer auf der Ausbildung der Selbsterkenntnis, von der ausgehend sie auf die Realisierung der inneren Wandlungen zuarbeiteten. Das Problem besteht nun darin, daß diese erstaunlich exakten Methoden der Selbstentwicklung verschwanden. Der forschende Psychologe hat sich immer mehr den Laborversuchen zugewandt, in denen das Hauptziel die objektive Phänomenbeobachtung ist und somit notwendigerweise jede Konzeption, die auf der Selbstbeobachtung basiert, in den Hintergrund gedrängt wird. Der klinische Psychologe und Psychiater, der sich mit der Heilung befaßt, denkt aber fast ausschließlich als Psychotherapeut, also im Begriffsbereich der Krankheit.

Die Kenntnisnahme der existierenden Methoden der Selbsterziehung und Selbstentwicklung wird weiterhin dadurch außerordentlich erschwert, daß diese Methoden – im Gegensatz zur Psychologie, die als selbständige Fachwissenschaft auf eine kaum hundert Jahre zählende Vergangenheit zurückblicken kann – historisch bedingt in den verschiedensten ideologischen und weltanschaulichen Verpackungen erscheinen. Die vielfach mystifizierende, ja sogar mystisch-weltanschauliche Einbettung schreckt den wissenschaftlich denkenden Fachmann von vornherein ab, aus ihrer Tiefe all das reale Wissen herauszulösen, das sich im Verlauf der Zeit über die Möglichkeiten und Methoden der Selbsterziehung des Menschen angehäuft hat.

Zu Recht entsteht eine weitere Frage. Dieses sehr beschwerliche Beschreiten der Wege der Selbsterkenntnis und Selbstentwicklung haben in der Vergangenheit vor allem Menschen auf sich genommen, die mit einer elementaren Berufung oder in einer abgeschlossenen Religionsgemeinschaft lebten, die vielleicht auch nicht frei waren von "Besessenheit" und Fanatismus. Was kann aber den modernen, wissenschaftlich denkenden Menschen von heute zu dieser notwendigen Kraftanstrengung veranlassen?

Als erstes wären da die im guten Sinne verstandene Neugier und der ewig bestehende Wissensdurst, die den Menschen und die Menschheit ständig dazu treiben, die immer wieder neuen Möglichkeiten und Grenzen der Wissenschaft und der Kunst abzuschreiten. Dieses Verlangen nach Erkenntnis richtet sich seit Jahrtausenden nicht nur auf die Außenwelt, sondern auch auf die Innenwelt des Menschen. Wer bin ich?

Eine ebenso wichtige Triebkraft ist die rebellierende Unzufriedenheit mit sich selbst, unser Entwicklungsbedürfnis und unser etwaiges Unglücklichsein, die Sehnsucht nach einer Harmonie mit sich und der Welt. Wenn wir das ideale Bild eines völlig ausgeglichenen Menschen zeichnen wollten, was würden wir dann über ihn sagen? Vielleicht nur soviel:

Er ist in der Lage, seinen Begabungen und Fähigkeiten entsprechend beim Lernen, in der Arbeit und im Beruf wirksam zu werden.

Er ist fähig, sich in der Welt wohl zu fühlen und ist fähig zur Lebensfreude.

Er ist fähig, die vom Leben gebotenen Möglichkeiten zu genießen: das Essen, die Arbeit, die Erholung, die Liebe und die Kultur. Er ist in der Lage, das Leben anderer Menschen mit seiner Arbeit und seinem Streben nach einem guten Allgemeingefühl nicht zu stören und nicht kaputtzumachen, es geschieht nicht zu Lasten anderer; er ist also fähig zu sozialer Anpassung.

Ist das viel oder wenig? Auf jeden Fall können wenige von sich sagen, daß sie so leben. Aber wahrscheinlich würden wir gern so leben. Und dieser Wunsch bewegt uns, verschiedene Wege im Leben und in uns selbst zu suchen.

Mit berechtigtem Argwohn könnte man nach Durchblättern dieses Buches fragen: Es geht um Übungen, die die inneren Kräfte des Menschen entwickeln sollen. Nur braucht man, um diese Übungen konsequent durchzuführen, bereits ein großes Maß an Kraft und Selbstdisziplin. Ist das Ergebnis zugleich Voraussetzung?

Mir scheint, daß *das grundlegende Problem heute nicht so sehr in der Kraftlosigkeit liegt, sondern in der Zersplitterung der seelisch-geistigen Kräfte.* Der Mensch entfaltet im Verlauf seiner Entwicklung wesentliche intellektuelle und emotionale Kräfte. Wir finden jedoch häufig nur schwer die kreativen Möglichkeiten zur Nutzung dieser Kräfte. Unsere hochwertige Aktivität zerbröckelt nicht selten in kraftverschleißendem Zeitvertrieb. Und hier muß ich wieder auf die Jugend zurückkommen; in jungen Leuten führt der enorme Energievorrat zu großer innerer Spannkraft, weil sie die subjektiv attraktivsten Möglichkeiten für wirksames Tun – mit einem abgenutzten Begriff benannt – für die Selbstverwirklichung suchen.

Daher ist auch ein ständig wachsender geistiger Hunger nach Selbsterkenntnis und Selbsterziehung zu beobachten, vor allem in den jüngeren Altersklassen. In den letzten Jahrzehnten hat sich ein Prozeß verstärkt, an dessen Wiege einst Schopenhauer stand. Mittels radikaler Polemik mit der offiziellen deutschen Staatsphilosophie öffnete er das Tor zur Annahme des Gedankenguts der fernöstlichen religionsphilosophischen Schulen.

Heute kann man vor allem in den westlichen Ländern beobachten, daß der Yoga, der Zen-Buddhismus, die transzendente Meditation usw. zur Mode werden und auch, in mehrerer Hinsicht, einzelne Elemente der christlich-katholischen Gedankenwelt eine Renaissance erfahren. Andererseits aber nimmt die zeitgemäße natur- und gesellschaftswissenschaftliche Denkweise immer größeren Raum ein. Auf diesem Gebiet ist ein scharf polarisierender Prozeß zu beobachten. Die Polarisierung verläuft nicht nur zwischen den Menschen, sondern oft auch innerhalb des einzelnen Individuums. Man versucht, sein wissenschaftliches Weltbild mit seinem transzendenten Interesse und den damit zusammenhängenden Erfahrungen zu vereinbaren, was innerhalb der Traditionen unserer heutigen Kultur – die das Streben nach Eindeutigkeit und das definitive Denken veranlassen – zu inneren Konflikten führt. Geht man der Frage tiefer auf den Grund, so wird deutlich, daß die Menschen nicht so sehr von religiösen Gefühlen oder von einem mystischen Interesse in den Kreis dieser geistigen Strömungen gezogen werden, sondern weil ihnen hier etwas über die Methoden und Möglichkeiten des Arbeitens an sich selbst mitgeteilt wird. Diese Informationen werden aber verzerrt, ja sie können sogar die psychische Instabilität verstärken, oder sie veröden im besten Fall zu äußerlicher Manier – eben weil man versucht, eine auf völlig anderen ökonomisch-kulturellen Grundlagen entstandene Weltanschauung und Denkweise in ihrer ursprünglichen Form in die Gedankenwelt der heutigen europäischen Kultur zu übertragen. Dieser Anachronismus muß zwangsläufig zu einem Durcheinander in unserer Anschauung führen; hinsichtlich des aktuellen Entwicklungsweges des heutigen Menschen ist ein solches Bemühen eindeutig eine Rückentwicklung.

Dieser negierende Standpunkt bedeutet aber nicht, daß man zugleich sämtliche Werte, die von diesen geistigen Strömungen hervorgebracht wurden, verwerfen sollte. Die Situation gleicht der auf dem Gebiet der alten Heilmethoden zu beobachtenden Entwicklung. Die Akupunktur und der Yoga tragen ein seit langem angesammeltes Wissen über den Menschen, das in unsere heutige Kultur und Wissenschaft einbezogen werden kann. Es gelingt sogar – speziell im Fall des Yoga –, daß die modernen biofeedback-Forschungen langsam Klarheit verschaffen über die scheinbar unverständlichen Wirkungsmechanismen der somatisch-vegetativen Selbstkontrolle.

Um diese Werte bewahren und aufnehmen zu können, muß

man sich jedoch erst einmal an sie heranarbeiten. Als erstes müssen die einst aktuellen ideologisch-philosophischen Ablagerungen von ihnen entfernt werden (z. B. zeigen sie sich unter anderem auch schon im Stil der Formulierungen), erst dann können wir zu einer seit Urzeiten praktizierten und entwickelten spezifischen Psychologie gelangen, die sich in erster Linie auf die Methodik zur Selbsterkenntnis und Selbsterziehung konzentriert.

Dieses Buch wurde aus vielen Quellen zusammengetragen. Ich habe versucht, die vielfältigen Ergebnisse der modernen Psychologie zusammenzufassen und in verständlich formulierte "Übungen" zu formen, zu denen man über das Studium und die Erforschung der kognitiven und affektiven Prozesse, der Persönlichkeitsentwicklung und der sozialen Kontakte gelangte, inbegriffen die klinische Psychologie bzw. auch die praktischen Erfahrungen der verschiedenen methodischen Psychotherapien. Zudem war ich aber auch bemüht, das methodisch Wesentliche aus all dem herauszuschälen, was die verschiedenen Kulturen und mir bekannten geistigen Richtungen und Schulen auf dem Gebiet der Selbsterziehung hervorgebracht haben, sei es der Buddhismus, der Yoga, die christliche Esoterik, die Antroposophie oder der Existentialismus. Ich bin sorgsam, aber frei mit diesem "Material" umgegangen, habe verschiedene "Hüllen" von ihm entfernt, und was blieb, habe ich auf die rationale Waage der wissenschaftlichen Psychologie gelegt.

Auf diese Weise hat sich eine Übungsreihe zur Selbsterkenntnis und Selbstentwicklung herauskristallisiert, von der ich hier einen Teil vorstelle. Ich habe mich bemüht, die Übungen in einer methodisch nachvollziehbaren Struktur zusammenzustellen, von den Grundlagen und von einem "Trainingsprogramm", das sich auf einzelne Teilfunktionen bezieht, ausgehend bis hin zum Komplexen: zur Charakter- und Persönlichkeitsbildung.

Sie dürfen aber nie vergessen, daß dieses Buch eine Sammlung von Übungen ist. Wer sie über die allgemeine Information hinaus auch anwenden will, muß unter diesen Übungen auswählen – entsprechend der eigenen Einsicht in die Probleme. Die Übungen können gemäß der jeweils angegebenen Regeln variiert werden, und man kann aus ihnen Langzeitprogramme zusammenstellen. Sie sollten aber unbedingt vermeiden, sich in ein gleichzeitiges Durchführen sämtlicher Übungen oder in hastiges Variieren zu verstricken. Voraussetzung für ihre Wirksamkeit ist ihre Dauer und ihre methodische Anwendung.

Ich betone noch einmal: Das vorliegende Buch ist nicht verwendbar für die Heilung krankhafter psychischer Prozesse. Es kann keinerlei Psychotherapie, Heilbehandlung oder medikamentöse Behandlung ersetzen, falls jemand diese wirklich benötigt. Es kann aber jedem, der sich selbst ändern möchte, helfen, seinem Ich-Ideal in der Realität näher zu kommen, die alltäglichen Belastungen des Lebens besser zu ertragen und sich selbst und dadurch auch andere besser zu verstehen.

2. Grundübungen

Diese Übungen sind von allgemeiner psychohygienischer Bedeutung. Sie sind insbesondere geeignet, einen stark belasteten psychischen Zustand in Ordnung zu bringen, der sich gewöhnlich in Symptomen zeigt, wie extreme Stimmungslabilität, Reizbarkeit, zeitweise Verstimmtheit, Zerfall des täglichen Lebensrhythmus, Hast und Unkonzentriertheit.

Mit Hilfe der Übungen ist jedoch, das muß hier betont werden, nur ein symptomatisches Ergebnis erreichbar; die Ursachen für den belasteten psychischen Zustand werden damit nicht beseitigt. Eine Beseitigung der Faktoren, die unseren belasteten psychischen Zustand hervorrufen und aufrechterhalten, läßt sich nur erreichen über die aufdeckende Psychotherapie oder über den Weg der introspektiven Selbsterkenntnis, von dem noch die Rede sein wird. Das führt nicht selten zur Veränderung der gesamten Lebensweise. Das maximal erreichbare Ergebnis dieser Übungen kann nur sein, die Toleranz und die Widerstandsfähigkeit gegenüber den alltäglichen Belastungen des Lebens zu erhöhen. Daher sind sie in erster Linie für die Beseitigung der durch äußere Lebensumstände hervorgerufenen psychischen Labilität geeignet. Daneben ist allerdings auch ihre Wirkung auf die allgemeine Persönlichkeitsentwicklung nicht zu unterschätzen.

Die Grundübungen dienen außerdem der Aufrechterhaltung des seelischen Gleichgewichts; sie weisen zudem ausgesprochen sensibel auf die Gefahr einer Auflösung des gefundenen Gleichgewichts hin. Diese einfachen Übungen, die nur einige Minuten beanspruchen, berühren fünf wichtige Bereiche des seelischen Lebens:

- die Konzentration des Denkens,
- die Entwicklung des Willens,
- die Beherrschung der Gefühls- und Affektäußerungen,
- die Einstellung auf das Positive,

– die Unvoreingenommenheit des Urteils bzw. die Fähigkeit zur Veränderung einer Ansicht im Interesse der Objektivität.

Die Übungen hängen strukturell zusammen, sie unterstützen und kontrollieren sich gegenseitig. Deshalb sollte man nicht einzelne Übungen herausgreifen und nur diese ausführen. Es gibt zwei Voraussetzungen, um ein entsprechendes Ergebnis erreichen zu können. Die eine ist *die Einhaltung der vorgeschriebenen zyklischen Wechsel*. Die zweite ist *die konsequente Regelmäßigkeit über einen langen Zeitraum hinweg*. Es hat absolut keinen Sinn, wenn wir die Übungen nur gelegentlich machen, an dem einen Tag ja, und das nächste Mal vergessen wir sie. Sowohl die Unregelmäßigkeit wie auch das episodenhafte Anfangen und dann wieder Einstellen der Übungen können sich auch nachteilig auf unsere psychische Stabilität auswirken. Also sollten wir die Übungen nur dann beginnen, wenn wir sie (was täglich nicht mehr als fünf Minuten in Anspruch nimmt) mindestens sechs Monate lang konsequent durchführen können. Dann werden wir ganz sicher ihre intensive positive Wirkung feststellen. Am besten wäre es, wenn die fünf Grundübungen zu einem festen Bestandteil unseres Alltags würden, eine ständig wiederkehrende Tätigkeit, wie unsere tägliche Körperhygiene.
Wie wir feststellen werden, sind für die Wirkung der Grundübungen zwei Phasen charakteristisch. Dementsprechend haben die Übungen auch eine zweifache Funktion.

Erste Phase – der Zeitraum zum Erlernen der Übung. Wir erreichen, daß wir jede der Übungen fehlerlos durchführen können. In Abhängigkeit von unseren Fähigkeiten und unserem psychischen Zustand sind hier die individuellen Abweichungen ausgesprochen groß, das Erlernen kann einige Wochen, aber auch Monate dauern. In dieser Zeit der *Entwicklung* hat der Mißerfolg keine Bedeutung! Hinsichtlich der psychischen Wirkung ist *die Kraftanstrengung wesentlich,* die wir für die Übung aufwenden. Würde jede Übung sofort gelingen, würden wir ihrer nicht bedürfen. Wir werden sehen, daß einzelne Übungen schon nach kurzer Zeit gelingen, andere wiederum absolut nicht glükken wollen. Hier bekommen wir einen Hinweis darauf, in welchem Bereich unseres psychischen Lebens Konfusionen und Mängel auftreten. Trotzdem dürfen wir aber die problematischen Übungen nicht in den Vordergrund rücken. Nach Ablauf des vorgeschriebenen Zeitraumes stellen wir auch im Fall von

Mißerfolgen unsere Versuche ein und beginnen mit der folgenden Übung. Ist dann der erfolglose Übungszyklus wieder an der Reihe, werden wir bereits ein besseres Ergebnis erreichen.

Zweite Phase – die regelmäßige Fortsetzung der erlernten Übungen. In diesem Abschnitt können wir bereits alle Übungen erfolgreich ausführen, die wenigen Minuten ihres Ablaufs werden uns zur alltäglichen Gewohnheit. Jetzt haben die Grundübungen bereits eine *Kontrollfunktion*. Es können Belastungen und Lebenssituationen eintreten, die uns psychisch stark angreifen. Wenn die Übungen auch dann erfolgreich verlaufen, brauchen wir uns um unseren psychischen Zustand keine Sorgen zu machen. Es ist jedoch möglich, daß wir feststellen müssen: unter den bisher über längere Zeit erfolgreich abgelaufenen Übungen beginnt die eine oder andere steckenzubleiben. Das ist ein sehr sensibles und frühes Zeichen dafür, daß sich unser psychischer Zustand verschlechtert, daß wir die Grenze unserer Belastbarkeit überschritten haben. Wir erhalten auch eine Information darüber, auf welchem Gebiet unseres seelischen Lebens die Leistungsfähigkeit sinkt. Dies ist eine ernsthafte Warnung: Wir müssen unsere Lebensweise ändern, unsere Konflikte und Problemsituationen werden im Wiederholungsfall unsere psychische Gesundheit gefährden – wir müssen eine Lösungsmöglichkeit suchen. Mit diesen Übungen haben wir also eine ständige Kontrollmöglichkeit unseres psychischen Zustandes in der Hand.

Jede der fünf Übungen führen wir *eine Woche lang durch*. Danach gehen wir – unabhängig vom Ergebnis – zur nächsten Übung über. In der sechsten Woche kehren wir wieder zur ersten Übung zurück, der Zyklus beginnt von neuem. (Es gibt auch eine methodische Auffassung, nach der man in der sechsten Woche die Übungen im täglichen Wechsel ausführt und nach zwei Tagen Pause in der siebenten Woche wieder zum Beginn des Zyklus zurückkehrt. Jeder sollte ausprobieren, welche Methode ihm am besten entspricht.)

2.1. Die Konzentration des Denkens

Täglich einmal legen wir in ruhiger Umgebung, möglichst, wenn wir allein sind und nicht befürchten müssen, daß wir in den nächsten Minuten gestört werden, einen einfachen Gegenstand vor uns hin, z. B. einen Bleistift, eine Nähnadel, eine Brille. In Gedanken – also stumm, doch für uns selbst in genauen Sätzen formuliert – tragen wir alle wesentlichen Kennzeichen des gegebenen Gegenstandes zusammen.

Beispiel für eine erfolgreiche Übung: "Ein Bleistift. Man verwendet ihn zum Schreiben und Zeichnen. In seinem Inneren befindet sich eine weiche Graphitmine, da diese leicht eine Spur auf dem Papier hinterläßt. Der Graphit ist jedoch zerbrechlich, deshalb wird er von einer Hülle aus Weichholz umgeben. Weichholz braucht man, um ihn leicht anspitzen zu können. Der Mantel aus Weichholz ist eckig geformt, damit er in der Hand nicht rutscht. Er ist mit Farbe und Lack versehen, und der Härtegrad des Graphits ist eingeprägt. Das ist notwendig, da man für verschiedene Arbeiten verschiedene Härtegrade der Graphitmine benötigt, und so kann man einen Bleistift von benötigter Qualität kaufen."

Beispiel für eine erfolglose Übung: "Ein Bleistift. Ich mag Bleistifte und Radiergummi sehr, in meiner Studienzeit hatte ich eine ganze Sammlung. Ich habe mein gesamtes Geld dafür ausgegeben. Mein Vater war mir deshalb sehr böse ... Sein Inneres besteht aus Graphit. Was ist Graphit? Ich kann mich nicht erinnern, dabei haben wir das in der Schule gelernt ... Seine Hülle besteht aus Weichholz. Weichholz ist übrigens Nadelholz. Letzten Sommer habe ich im Gebirge das Schlagen von Nadelholz gesehen. Es war interessant, wie sie gefällt und entästet wurden. Die Stämme wurden mit einem Kettenfahrzeug ins Tal transportiert ... usw."

Wesentlich ist also, daß wir *unsere Gedanken nicht abschweifen lassen.* Wir versuchen, unsere ansonsten frei umherschweifenden Assoziationen auf ein Ziel gerichtet zusammenzuhalten.

2.2. Die Entwicklung des Willens

In der allgemein verbreiteten Auffassung von der Psychologie des Menschen ist eine Art "Willensmythos" zu beobachten. Von vielen inneren Problemen wird behauptet, daß ihre Ursache in der Willensschwäche läge. Es scheint, daß man die Willensfunktionen des Menschen für indeterminiert hält, als ob zu seiner Persönlichkeitsentwicklung nur eine "starke Entschlußkraft" nötig wäre, sonst nichts.

In Wirklichkeit ist das Willensleben des Menschen ein außerordentlich kompliziert organisiertes Funktionssystem, das ganz und gar nicht unabhängig ist von der inneren Ordnung der Persönlichkeit, ihrer emotionalen Ausgeglichenheit, von der Wertordnung usw. – es hängt sogar im großen Maße davon ab. Die Entwicklung des Willens ist nur in Verbindung mit der Entwicklung der gesamten Persönlichkeit vorstellbar. Deshalb gehören die sogenannten Willensübungen organisch zu den anderen Übungen, unabhängig von ihnen kann man sie nicht durchführen. Die Grundübung sieht folgendermaßen aus: Am Beginn der Woche fassen wir den festen Entschluß, daß wir jeden Tag einmal, *immer zum gleichen Zeitpunkt* – z. B. genau um drei Uhr nachmittags – eine bestimmte Handlung ausführen. Dabei geht es um ganz einfache Dinge: wir drehen unseren Ring, sagen in Gedanken eine Verszeile auf, die wir mögen usw....

Wesentlich ist, daß wir deshalb nicht schon vorher unsere momentane Tätigkeit unterbrechen, d. h. nicht schon um 14^{45} Uhr dasitzen und gebannt auf die Uhr starren. Das Ziel ist, daß wir kontinuierlich unserer Beschäftigung nachgehen und uns zur rechten Zeit der Entschluß einfällt, den wir dann ausführen.

Anfangs wird diese Übung vielleicht am meisten Schwierigkeiten bereiten. Die Sache wird uns zehn Minuten vor drei einfallen, doch wenn wir wieder auf die Uhr sehen, ist es schon 15^{15} Uhr. Das wichtigste Element der Übung ist die vollkommene Pünktlichkeit, auf die Minute genau. Die Durchführung wird erschwert, wenn wir keine runde Uhrzeit festlegen, sondern z. B. fünf Uhr dreizehn. (Wenn wir sehr eifrig sind, können wir die Zahl der Erfolge und Mißerfolge notieren. So können wir verfolgen, ob sich unsere Leistung nach fünf Wochen, wenn diese Übung wieder an der Reihe ist, verbessert hat.)

2.3. Die Beherrschung
     der Gefühlsäußerungen

Zunächst müssen wir ein mögliches Mißverständnis beseitigen. Diese Übung ist nicht darauf gerichtet, die Intensität unserer emotionalen Reaktionen zu reduzieren, bzw. daß wir uns nicht freuen, nicht verbittert sein sollen oder nicht in Erregung geraten sollen. Im Gegenteil – wir müssen den ganzen Menschen in uns pflegen und entwickeln, der eine immer breitere Skala der Gefühle durchlebt: er empfindet Wut, Jubel, Traurigkeit und Ekstase. Ziel der Übung ist es, daß wir unseren emotional-affektiven, *von unserem Zustand und Willen unabhängigen spontanen äußeren Ausdruck beherrschen.* Wir versuchen, die Gefühle, die die äußere Welt, die Ereignisse unserer Umgebung in uns auslösen, zwar tief zu durchleben, für die Außenwelt jedoch davon nichts sehen zu lassen bzw. nur das, was wir bewußt ausdrücken wollen, mit dem wir etwas mitteilen wollen, mit dem wir eine Wirkung erreichen wollen. *Der Ausdruck unserer Gefühle soll also zu einem bewußten Kommunikationsmittel werden.*

Damit können wir erreichen, daß die Ausdrucksformen unserer Gefühle nach außen genau unserem Inneren entsprechen. Das ist sehr wichtig für eine harmonische Beziehung zu unserer Umwelt, vor allem bezüglich unserer gegenseitigen Beurteilung.

Täglich werden wir wiederholt von mehr oder weniger starker Freude, Kummer, Erfolg, Mißerfolg, Freundlichkeit und Kränkung berührt. In der Woche, in der die Übung zur Selbstbeherrschung an der Reihe ist, achten wir darauf, daß von diesen emotionalen Einflüssen und von den entsprechenden Reaktionen in uns für den Außenstehenden nichts spontan sichtbar wird. (Ausgenommen der Fall, daß wir z. B. bei der Äußerung von Dank oder von Vorwürfen *wollen,* daß unsere Stimmung zur Kenntnis genommen wird. Am Anfang ist es im Interesse einer erfolgreichen Übung besser, wenn wir auch damit sparsam umgehen.) Es ist besonders wichtig, daß die neutrale Umgebung unsere momentane Verfassung nicht bemerkt. Zum Beispiel sollte es auf der Arbeitsstelle nicht auffallen, wenn uns Familienprobleme bedrücken, bzw. wir belasten unsere Angehörigen nicht mit der im Betrieb entstandenen Nervosität.

Für den äußeren Ausdruck unseres emotionalen Zustandes gibt es vielerart Möglichkeiten, in erster Linie unseren Gesichtsausdruck, unser Verhalten und unsere sprachlichen Äußerungen.

Darauf müssen wir also achtgeben. In der Woche dieser Übung beherrschen wir unsere Mimik, unser Verhalten und unsere Worte. Wir schneiden also keine Grimassen, schlagen nicht um uns, fluchen nicht, aber wir lachen und freuen uns auch nicht hemmungslos. Vor allem hören wir auf, zu klagen oder den Grund unserer guten Laune detailliert zu erläutern, kurz gesagt, überflüssig zu schwatzen. Es ist heutzutage eine weitverbreitete Angewohnheit, vor entsprechendem Publikum, oder indem wir jemanden "im Vertrauen beiseite nehmen", über die Kränkungen und Freuden, die wir erlebt haben, zu erzählen. In dieser Woche hören wir auch damit auf. Statt dessen achten wir lieber auf unsere Umgebung, passen uns mit unserem Verhalten der Stimmung der anderen an und ermöglichen damit, daß sie uns von ihren positiven oder negativen Spannungen und von den Erlebnissen erzählen, die sie beschäftigen.

Es ist eine alte Weisheit, daß man vor dem Aussprechen abwägen sollte, ob das, was man sagen will,
– wahr ist?
– wesentlich ist?
– aus einer positiven Regung entstammt?

2.4. Die Einstellung auf das Positive

In der Woche dieser Übung müssen wir unsere Aufmerksamkeit auf die Unannehmlichkeiten richten, die uns widerfahren, auf die Ereignisse und Mitteilungen, die Schrecken, Mißbilligung und Ärger in uns hervorrufen.

Als erstes müssen wir also unsere negativen Emotionen und die von ihnen ausgelösten abfälligen Meinungen und Urteile feststellen. Das Wesen der Übung besteht nun in dem Versuch, das negativ wirkende Ereignis oder die Mitteilung auch aus einem anderen Gesichtswinkel zu betrachten und darin einen positiven Inhalt zu suchen. Wir müssen uns dabei bewußt sein, daß die meisten Ereignisse nicht nur schlecht oder nur gut sind, sondern aus einem Geflecht günstiger und ungünstiger Beziehungen, Möglichkeiten und Folgen bestehen. Die uns kränkende Entscheidung kann unter einem anderen wichtigen Gesichtspunkt richtig sein. Ein Ereignis, das momentanen Ärger verursacht, kann später auch gute Folgen haben oder in anderer Hinsicht nützlich sein. *Im Verlauf der Übung müssen wir unsere*

Kräfte darauf richten, auf gedanklichem Wege die positive Seite der
für uns negativen Ereignisse zu finden.

Dafür müssen wir oft unseren gewohnten Standpunkt, unsere
Vorurteile, unsere egoistische Sicht und unsere mechanisch an-
trainierte Urteilsweise aufgeben.

Bei der Durchführung der Übung muß jedoch ein mögliches
Mißverständnis vermieden werden: es geht nicht darum,
schlechte Dinge im Interesse des Positiven als günstig und wert-
voll hinzustellen, negative Erscheinungen und Geschehnisse in
ihrer Gesamtheit rosarot zu sehen! Nicht im geringsten. Die
Aufgabe besteht gerade darin, den negativen Charakter des frag-
lichen Ereignisses oder der Erscheinung genau zu sehen und *innerhalb dessen auch* irgendeinen Wert zu entdecken.

Es geht wieder um ganz einfache Dinge. Wir nehmen die Ele-
ganz in der Bewegung der Katze wahr, die unsere Vase umgesto-
ßen hat, die Schönheit der prasselnden Tropfen bei einem Un-
wetter, das uns bis auf die Haut durchnäßt hat, der Charme der
Befangenheit eines jungen Mitarbeiters, der einen Fehler gemacht hat. Auch an einem unangenehmen Menschen können
wir die tadellose Ordnung anerkennen, zu der wir selbst nicht
fähig sind usw.

2.5. Die Unvoreingenommenheit des Urteils

Da wir Tag für Tag mit den kleinen und großen Ereignissen der
Welt konfrontiert werden, mit Menschen, Tieren, Pflanzen und
Mineralien, wir Nachrichten und Informationen hören, ist unser Denken und Urteilen von bestimmten Gewohnheiten und
antrainierten, sich wiederholenden Gedankengängen gekennzeichnet. Über die Dinge fällt uns als erstes ein, was wir gelernt
und gehört haben, was wir bisher von ihnen erfahren haben.
Von klein auf eignen wir uns durch unsere Erziehung und Bil-
dung ein System fertiger Urteile und verbaler Formulierungen
an, die uns letzten Endes schon wie eine geschlossene Schale
umgeben. Deshalb erleben wir die Dinge und Ereignisse in den
seltensten Fällen in ihrer reinen Realität. Unsere Ansicht und
unsere Erlebnisse werden von den – häufig verzerrten – Ein-
drücken geformt, die wir durch einen Filter vorgebildeter Meinungen und Vorurteile gewonnen haben.

In der Woche dieser Übung ist es unsere Aufgabe, mindestens täglich eine Sache, eine Erscheinung oder ein Ergebnis mit dem naiven Staunen eines Kindes zu sehen. Wir müssen die Sache an sich in ihrer eigenen Realität bewundern, unabhängig davon, was wir von ihr wissen oder gelernt haben.

Das Wesen der Übung ist, daß wir *nichts als selbstverständlich ansehen, daß wir nichts einordnen, sondern unsere eigene Urteilskraft nutzen*. Eine Vorbedingung dafür ist der Versuch, *von unserer eigenen Person zu abstrahieren*, wir beobachten und bewerten die Erscheinung an sich, unabhängig davon, ob das für uns angenehm oder unangenehm ist und was für Gefühle und Assoziationen das in uns hervorruft.

Zahlreiche Entdeckungen der Wissenschaft entstanden aus diesem "Kinderstaunen". Die Menschen hatten es über Jahrtausende als selbstverständlich angesehen, daß die Gegenstände nach unten fallen, bis *Newton* sich über dieses Phänomen wunderte. Hunderte von Forschern haben wütend die verschimmelten Nährböden weggeworfen, bis *Fleming* ein Problem darin entdeckte. Wesentliches Element der Entdeckung der Gravitation und des Penicillins war die Unvoreingenommenheit des Urteils. Anfangs setzen wir uns einfache Aufgaben zum Ziel. Zum Beispiel betrachten wir ein Streichholz, sehen uns genau an, wie es aussieht und versuchen darüber nachzudenken, wofür man es neben dem Feueranzünden *noch* benutzen kann. Ebenso können wir mit anderen Gegenständen verfahren – wenn wir dabei all das vergessen, was wir gewöhnlich schon über sie wissen. Allmählich erschweren wir die Übung, bis wir zu der unvoreingenommenen Beurteilung des Menschen und des menschlichen Handelns gelangen.

Diese Übungen sind schon etwas schwerer. Wir versuchen, dem Gespräch eines Menschen so zuzuhören, daß wir zeitweilig unsere Reflexe, unsere Zustimmung und unsere Mißbilligung in uns zurückdrängen. Wir lassen seine Stimme, seinen Gesichtsausdruck und seine Bewegungen auf uns wirken. Wir versuchen, ihn *seelisch unberührt widerzuspiegeln*. Es wird uns überraschen, wieviel feine, bisher versteckte Informationen wir bekommen. Eines der größten Hindernisse unseres Erkennens der Menschen ist, daß sich unsere Aufmerksamkeit zwischen dem zu uns Sprechenden und unseren eigenen Reaktionen aufteilt. Häufig achten wir sogar nur auf uns selbst. Man spricht noch zu uns, und wir denken schon über die Formulierung der Gegenmeinung nach.

Versuchen wir – wenigstens einmal täglich – das Verhalten eines Menschen unvoreingenommen zu bewerten. Wenn sich jemand uns gegenüber miserabel benimmt, kann er doch anderen gegenüber nett sein. Versuchen wir, uns in seine Situation hineinzuversetzen und die Triebfeder seines Verhaltens zu verstehen.

Und lassen wir einen Sonnenuntergang, einen Berg, einen Baum, eine Blume, ein Tier ganz genauso auf uns wirken. Wenn wir Musik hören, vergessen wir vorübergehend den Komponisten, den Dirigenten, das Ertönen der einzelnen Instrumente, geben wir uns nur ihrem Klang hin.

Das wesentlichste Hindernis für den Erfolg dieser Übung ist die Egozentrik und das Vorurteil. Ihr Ergebnis aber ist das selbständige Denken und die Entwicklung unseres Einfühlungsvermögens.

3. Vertiefung der Selbstkontrolle und Menschenkenntnis – Entwicklung von Aufmerksamkeit und Erinnerung

In diesem Abschnitt wird von den Methoden zur Entwicklung der Beobachtungs- und der Erinnerungsfähigkeit die Rede sein. Die Übungsreihe ist für all diejenigen nützlich, die bemerkt haben, daß ihre Beobachtungen ungenau sind, daß ihr reproduktives Erinnerungsvermögen labil und oder nicht ausreichend selektiv ist, d. h., es werden nicht die wesentlichen Elemente fixiert, sondern man bleibt bei unwesentlichen Details hängen.

Die psychischen Funktionen bilden jedoch eine einheitliche Struktur. Die Verbesserung der Leistungen unserer Beobachtungsfähigkeit und unseres Erinnerns zeigt ihre Wirkung nicht nur direkt (z. B. in unserer Arbeit), sondern sie ist irradial, d. h., sie entwickelt auch andere, weitere Fähigkeiten in uns. Die genaue Beobachtung, also die bleibende Fixierung der beobachteten wesentlichen Elemente im Gedächtnis und ihre verläßliche Abrufbarkeit, steigert das Niveau der Bewußtheit. Das Wissen über uns selbst, die genaue Registrierung unserer emotionalen Reaktionen, unserer Gedanken und unseres Verhaltens vertieft unsere Selbsterkenntnis und steigert unsere Selbstkontrollfunktion. Schritt für Schritt entfernt es die Verzerrungen, die aus unseren Ängsten, Eitelkeiten, Sehnsuchtsphantasien und unserer Abwehr entstehen. Wir werden uns immer seltener mit unserem "Ich-Ideal" verwechseln – wir lernen es, einen Unterschied zu machen zwischen dem *"So bin ich"* und dem *"So möchte ich sein"*. Dieses Ergebnis hat zwei Seiten. Zum einen zeigt es die Bereiche, wo es sinnvoll ist, uns selbst zu entwickeln. Zum anderen hält es uns – gerade deshalb – oft einen unangenehmen Spiegel vor und zeigt uns, wie sehr wir anders sind, als wir es uns selbst vorgestellt haben. Diese ersten Schritte der Selbsterkenntnis und der Selbstbeobachtung sind häufig die schmerzhaftesten, da sie unsere Eitelkeit und unsere Illusionen über uns selbst stark verletzen.

Letztlich *macht uns die Vertiefung der Selbstkenntnis zu einem im-*

wir nur sehr ungern zur Kenntnis, wie wir in der Realität wirklich sind. Unsere Gefühle, Gedanken und Taten, die unsere eigenen Ideale und unser sittliches Gefühl verletzen, nehmen wir nicht gern zur Kenntnis, wir verfälschen sie oder finden nachträglich Theorien und Ausreden zu ihrer Rechtfertigung. Wir reagieren aufgebracht, wenn die Außenwelt uns entlarvt. Wir wollen es nicht sehen und nicht zur Kenntnis nehmen, was sich alles in unserem "seelischen Gepäck" befindet. Das Gepäck tragen wir aber auch dann, wenn wir nicht hineinsehen. Die Abwehr, die Verfälschungen und Illusionen ergeben nur, daß wir im Interesse unseres momentanen Wohlbefindens und unserer Zufriedenheit mit uns selbst die Möglichkeit verspielen, mit unseren hartnäckigen seelischen Tatsachen real zu rechnen und vielleicht zu versuchen, sie zu verändern. Statt dessen beginnen sie – weil sie eben unbekannt bleiben – uns zu beherrschen. Unsere Beziehungen zu anderen Menschen wählen wir so, daß sie unseren Selbstbetrug begünstigen. Wir gehen Menschen aus dem Wege, die uns echte Rückmeldungen über uns geben und beschuldigen sie der Bosheit. Wer unsere Illusionen unterstützt und unserem Wunsch nach Aufrechterhaltung unseres falschen Scheins dienlich ist, den mögen wir. Am Ende des Ganzen folgt dann die bittere Enttäuschung über unsere Beziehungen. Wir durchleben oft die Tragödie des König Ödipus, der nicht sehen wollte, was er sehen konnte, was er in sich selbst und in seiner Umgebung hätte sehen müssen.

3.1. Die Kontrolle und die Entwicklung der spontanen Beobachtung

3.1.1. Beobachtung von Gegenständen

Wir versuchen, uns das *visuelle Bild* eines Gegenstandes unserer Umgebung mit bis ins Detail gehender Genauigkeit vorzustellen, ohne daß wir ihn vorher betrachtet haben und indem wir uns von ihm abwenden (Aschenbecher, Lampe, Pflanze usw.). Wir drehen uns um und kontrollieren und korrigieren das in uns entstandene Bild.

3.1.2. Beobachtung von Gegenstandsgruppen

Wir führen die Übung genauso aus, nur versuchen wir jetzt, uns an mehrere Gegenstände und ihre Anordnung zueinander zu erinnern. (Zum Beispiel die Gegenstände auf unserem Schreibtisch, ein Blumenbeet usw.)

3.1.3. Beobachtung von komplexen Erscheinungen

Der Umfang der Beobachtung wird weiter ausgedehnt. Wir erinnern uns an die gesamte Einrichtung des Zimmers, in dem wir uns aufhielten, an das perspektivische Bild einer Straße usw.

3.1.4. Beobachtung von äußeren Erscheinungen des Menschen

Nachdem wir uns unmerkbar abgewendet oder den Ort verlassen haben, erinnern wir uns, wie ein Mitarbeiter in unserem Zimmer oder jemand in unserer Gruppe gekleidet ist, wir lassen sein Bild vor uns entstehen und formulieren es in Worten. Auch hier soll die Registrierung bis ins kleinste Detail gehen: Material, Farbe und Muster von Hemd, Schlips und Anzug, sein Gürtel, die Uhr, das Uhrenarmband, die Socken, die Schuhe, vielleicht die Brille, ein Abzeichen usw. Wir wenden uns ihm wieder zu und kontrollieren unmerklich unsere Beobachtung.

Anfangs werden wir bei allen vier Übungen auf überraschende Abweichungen zwischen der vermeintlichen Beobachtung und der Wirklichkeit stoßen. Hier achten wir besonders darauf, ob da, wo unsere Beobachtung ungenau war, "weiße Flecke" entstanden sind, d. h., *ob wir einsahen, daß wir es nicht wissen, oder ob wir das Bild in unserer Vorstellung falsch ergänzt haben?* (Z. B. erinnern wir uns an ein einfarbig weißes Hemd, obwohl es blau gestreift ist. Anstatt an einen braunen Bleistift erinnern wir uns an einen gelben usw.)

Die Verfälschung der Wirklichkeit in unserer Vorstellung wird anfangs häufiger auftreten, was zugleich eine Neigung dazu anzeigt. Später wird es gang und gäbe sein, daß die Mängel in der Erinnerung auch in der Vorstellung Mängel bleiben — wir wissen schon, was wir nicht wissen. Letztlich stellen wir fest, daß unsere spontane Beobachtung bis ins Detail genau und zuverlässig wurde. Wir haben die Fähigkeit in uns entwickelt, nicht nur zu sehen, sondern auch hinzusehen.

Bei diesen vier Übungen sollten wir folgendes nicht vergessen:
- Es geht um die spontane Beobachtung, wir betrügen uns also nicht selbst durch vorheriges Anschauen.
- Wir übertreiben die Übungen nicht. Die einzelne Übung machen wir maximal zweimal täglich, nach einer mehrstündigen Pause.
- Wir halten die Reihenfolge der Übungen ein, sie bauen aufeinander auf. Jeden Tag führen wir nur eine der Übungen durch.
- Wir bleiben heiter und locker bei den Übungen, ihr Mißerfolg sollte uns nicht ärgern. Auch hier sind das Probieren und die Anstrengung das Wesentliche.
- Wir achten besonders darauf, daß die Übungen nicht zu einer Art abergläubischem Zwang werden. Wir müssen das *spielerische* Wesen der Übungen bewahren. Hier macht es nichts, wenn wir die Übung manchmal vergessen. Nach acht bis zehn Tagen machen wir jedoch unbedingt eine Pause und wechseln die Übung. Nach einiger Zeit können wir wieder auf diese Übung zurückkommen. Die Überanstrengung, das sture Erzwingen-Wollen hat eher eine hemmende Wirkung auf den Erfolg einer Übung.

3.2. Die Entwicklung der bewußten Beobachtung und Erinnerung

3.2.1. Erinnerung an beobachtete Gegenstände

Morgens, wenn wir von zu Hause weggehen, bleiben wir für einige Minuten vor einem Gegenstand stehen, der sich ständig an unserem Weg befindet (z. B. ein Baum, ein Firmenschild, ein Eckstein, eine Plastik usw.). Wir betrachten ihn ausgiebig. Abends vor dem Einschlafen stellen wir uns den Gegenstand bildlich vor. Wir bemühen uns darum, das Bild nicht zu verfälschen, die Lücken in unserer Vorstellung nicht zu ersetzen. Am nächsten Morgen bleiben wir vor dem gegebenen Gegenstand stehen, rufen das Bild vom Vorabend in die Erinnerung zurück und vergleichen es mit der Realität. Wir betrachten ihn noch einmal gründlich und korrigieren die Abweichungen. Am Abend zeichnen wir wieder – jetzt schon genauer – das Bild in unserer Vorstellung.

3.2.2. Erinnerung an das menschliche Gesicht

Wir beobachten genau das Gesicht eines Menschen, den wir täglich treffen. Abends vor dem Einschlafen erinnern wir uns an seinen Gesichtsausdruck. Es ist wichtig, die Übung in zwei Phasen ablaufen zu lassen:
– Zuerst zerlegen wir unseren Eindruck von dem Gesicht in seine Teile (Augenfarbe, Lage der Augen, Bogen der Augenbrauen, Form der Nase, Schnitt des Mundes, Formung der Lippen, Ohren, Haarfarbe usw.).
– Danach sehen wir das *ganze* Gesicht vor uns und versuchen festzustellen, was uns das Gesamtbild, der Gesichtsausdruck mitteilt, welche Gefühle, Stimmungen, was für einen Seelenzustand er ausdrückt. Langsam werden wir dann auch die Veränderungen des Gesichtsausdruckes entsprechend der momentanen Gemütsverfassung wahrnehmen.

3.2.3. Erinnerung an die menschliche Bewegung

Die Übung wird genauso durchgeführt, der beobachtete Gegenstand ist jedoch der menschliche Körper und seine für bestimmte Situationen typischen Bewegungen. Tagsüber beobachten wir die Körperproportionen (die Kopfform, die Wölbung des Brustkastens, den möglichen Bauch, die Länge von Armen und Beinen, die Handform usw.).
Danach wählen wir einzelne typische Situationen aus. (Z. B. wenn er die Nase putzt, ißt, nervös etwas erklärt, seinen Mantel anzieht, seine Zigarette anzündet usw.)
Abends vor dem Einschlafen erinnern wir uns an die *Bewegungsbilder:* die Körperhaltung, die Ruhe oder Hast der Gesten, die ausgeglichenen oder eckigen Bewegungen, das Handzittern usw.
Wir lassen die Bewegungen des beobachteten Menschen auf uns wirken und machen uns bewußt, welche Assoziationen sie in uns hervorrufen und welche Stimmungen sie verraten. So kön-

nen wir die ständigen Signale der Bewegungen eines Menschen sowie ihre feinen Veränderungen entdecken, die seine Gemütsverfassung ausdrücken.

3.2.4. Erinnerung an die menschliche Stimme

Bei dieser Übung ist es wichtig, daß wir im Verlauf eines Gespräches einige Minuten lang unsere eigenen Reaktionen unterdrücken und nicht einmal auf den uns mitgeteilten Inhalt achten. In diesen wenigen Minuten achten wir nur auf den Ton des Sprechenden, auf seine Betonung, auf die musikalischen Elemente seiner Stimme (Stärke, Tonfall, Stimmversagen, Betonungen usw.). Wir überlassen uns ihrer Wirkung, lassen die Intonation der Stimme auf uns wirken.

Die abendliche Rückerinnerung der Stimme wird zahlreiche Gefühle und Erkenntnisse über die Gemütsverfassung desjenigen in uns erwecken.

Diese Übungsreihe wird letztlich mit einem *dreifachen Ergebnis* abschließen. Zum einen entwickelt sie unser Erinnerungsvermögen, wir gewöhnen uns daran, auch nach längerer Zeit das Beobachtete genau wiedergeben zu können. Zum anderen gelangen wir über das Erkennen der Veränderungen zu einer immer größeren Kenntnis der ungewollten "Mikrosignale" des beobachteten Menschen, in denen sich seine Stimmung, seine momentanen Gefühle und Erregungen ausdrücken. Und schließlich werden wir uns unmerklich daran gewöhnen, daß wir die Rückerinnerung nicht mehr brauchen; der beobachtete Gesichtsausdruck, die Bewegung, der Ton der Stimme werden für uns auch so immer mehr spontane, sofortige Information beinhalten.

3.3. Die Beobachtung und die Erinnerung an das eigene Verhalten

3.3.1. Erinnerung an den eigenen Gesichtsausdruck

Abends, wenn es ruhig ist, wählen wir eine Situation des Tages aus, die ein kritischer Moment für uns war. Wir versuchen, uns an unseren vermutlichen Gesichtsausdruck in diesem Moment zu erinnern. Dann setzen wir uns vor den Spiegel und versuchen, die entsprechende Mimik zu reproduzieren. Wenn wir das Gefühl haben, es ist uns gelungen, sehen wir unseren Gesichtsausdruck genau an, als wäre es der eines anderen: was drückt er aus? Entspricht dieser Ausdruck unserem seelischen Zustand in jenem Augenblick? Wollten wir, daß man uns das ansieht?
Nicht selten werden wir Abweichungen feststellen. Wir entdekken die Manieriertheit unseres Gesichtsausdruckes, vielleicht auch, daß er etwas anderes ausdrückt und eine andere Wirkung auf die Außenwelt hat, als wir beabsichtigt hatten.
Besonders interessant ist es, wenn wir mit Hilfe zweier Spiegel auch unser Profil beobachten. Von vorn kennen wir unser Gesicht gut. Wir haben es schon oft im Spiegel gesehen und hatten so die Möglichkeit, unseren Gesichtsausdruck zu "machen". Über unser Profil aber wissen wir recht wenig. Unser Profil ist "unkontrollierbar", daher verrät es mehr über unsere spontanen Reaktionen. Als abschließender Teil der Übung können wir von Zeit zu Zeit damit spielen, vor dem Spiegel, von vorn und im Profil, künstlich den entsprechenden Gesichtsausdruck für verschiedene Gemütsverfassungen zu probieren. Überprüfen wir, ob er unserer Stimmung entspricht und ob wir es für wünschenswert halten, daß man uns dies alles ansieht. Abschließend vergleichen wir diesen Gesichtsausdruck mit denen, die wir im Gesicht anderer Menschen gesehen haben, in verschiedenen Situationen. Stimmen sie überein? Sind sie verschieden?

3.3.2. Erinnerung an die eigene Stimme

Wir wählen wieder kritische Momente des vergangenen Tages, in denen wir verärgert waren, uns gefreut haben, Vorwürfe gemacht, gestritten, gelobt haben usw.

Abends, wenn wir für einige Minuten allein sind – vielleicht auch im Badezimmer – stellen wir uns die Situation wieder vor und wiederholen laut unsere Sätze, möglichst genauso, wie sie erklungen waren. Wir lauschen, als wenn wir auf eine Melodie achten würden. Was haben wir ausgedrückt? Wollten wir das ausdrücken? Und wenn nicht, wie hätte man es anders ausdrücken können, so daß es unseren Absichten genau entsprechen würde? (Wir können auch den Spiegel zu Hilfe nehmen.)
Besonders achten wir auf die inadäquaten und unaufrichtigen Elemente; als wir verletzend waren, obwohl es nicht unsere Absicht war, als wir übermäßig unterwürfig waren, unaufrichtig Freude gezeigt haben.
Die wichtigste Frage ist, wenn wir unserer eigenen Stimme zuhören: Welche Wirkung könnte sie bei einem anderen Menschen hervorrufen? Haben wir diese Wirkung beabsichtigt?

3.3.3. Erinnerung an das eigene Verhalten

Am Abend, vor dem Einschlafen im Bett, lassen wir *bildlich* vor uns eine für uns kritische, unangenehme Situation des vergangenen Tages ablaufen. So wie ein ganz kurzer Film: wir sehen, wie wir uns bewegen, hinsetzen, gestikulieren, aufspringen, auf- und abgehen usw. Doch gleichzeitig sehen wir auch unseren Partner und hören unseren Wortwechsel. Optimal ist es, wenn wir das Ganze in unserer Vorstellung gleichzeitig projizieren können. Wenn das nicht sofort gelingt, können wir wie eine Kamera arbeiten: zuerst stellen wir unser eigenes Verhalten "scharf ein", während unser Partner verschwommen bleibt, später beobachten wir dann mehr ihn. Nach einiger Zeit aber lernen wir das gleichzeitige Abspielen aller Details der Szene.
Wichtig ist, daß wir in diesen wenigen Minuten unsere emotionalen Reaktionen zurückdrängen, daß wir die Szene *stumm betrachten*. Ohne ein Gefühl von Kritik, Schuldbewußtsein oder Genugtuung stellen wir fest: "So ist es geschehen. So sind wir."
Die in diesem dritten Abschnitt vorgestellte Übungsreihe scheint möglicherweise etwas kompliziert. Wenn wir jedoch aufmerksam lesen und besonders bei der praktischen Durchführung wird sich zeigen, daß es hier um einfache spielerische Dinge geht. Um aber dennoch der Überladung und der Hast vorzubeugen, schließen wir als Beispiel eine mögliche Variante einer Übungsreihe an.

mer besseren Menschenkenner. Wir sind alle gleichermaßen Menschen, und die objektive Kenntnis unser selbst führt allmählich zum objektiven Erkennen und Verstehen anderer. Die Menschenkenntnis wird häufig mystifiziert; man beruft sich auf Veranlagungen, Intuition, einen speziellen humanen Instinkt usw. Wir wollen gar nicht anzweifeln, daß man für eine gute Menschenkenntnis – wie für alles in der Welt – ein gewisses spezielles Gespür und Talent braucht, es muß aber auch betont werden, daß das sichere Erkennen anderer Menschen bis zu einem gewissen Grad erlernbar ist. Genauso, wie jeder das Zeichnen und das Musizieren erlernen kann. Natürlich wird man nicht unbedingt ein Künstler. Dazu würde man schon eine spezielle Begabung brauchen. Mit Hilfe der Übungen zur Selbsterkenntnis kann jeder einen Grad der unvoreingenommenen Menschenkenntnis erreichen, der ihn vor groben Enttäuschungen und vor falschen Urteilen behütet, vor der oft zu späten nachträglichen Erkenntnis: "Wie konnte ich mich nur so irren?", "Warum habe ich das nicht gleich bemerkt, es war doch in tausend Anzeichen zu sehen...?"

Das größte Hindernis für das Erkennen anderer ist unsere fehlende oder verzerrte Selbstkenntnis. Gewollt oder ungewollt übertragen wir immer unseren inneren Zustand auf die Außenwelt, *unser Verhältnis zu uns selbst bestimmt auch unsere Beziehungen zu anderen.* Wer sich selbst gegenüber allzu streng und gnadenlos ist, wird es auch zu anderen sein. Wer sich selbst viel belügt, wird auch seine Umgebung belügen. Wer sich selbst versteht, wird auch andere verstehen.

Die Ursache für diese Gesetzmäßigkeit liegt darin, daß der Charakter und die Problematik eines anderen Menschen über intuitive Assoziationen zwangsläufig ähnliche Probleme in uns und die gleichen Bereiche unseres Lebens ansprechen und an die Oberfläche bringen. Die Objektivität unserer Sicht darauf und unseres Urteils hängt entscheidend davon ab, ob wir uns auf dem Gebiet unserer eigenen analogen Probleme selbst betrügen, oder ob wir die reale Situation annehmen und akzeptieren. *Wir werden immer da Unklarheiten, Mißverständnisse und Illusionen über einen anderen Menschen haben, wo wir mit uns selbst im unklaren sind, uns belügen und die Realität im verzerrten Licht sehen.* Deshalb wird die unvoreingenommene Erkenntnis unser selbst die Verbesserung unserer Menschenkenntnis ergeben.

Das größte Hindernis der Selbsterkenntnis und damit der Erkenntnis anderer sind die Angst und die Eitelkeit. Oft nehmen

3.3.4. Schema eines sechswöchigen Übungszyklus, um die Aufmerksamkeit und die Erinnerung zu trainieren

Montag Dienstag Mittwoch	Beobachtung von Gegenständen
Donnerstag Freitag Sonnabend	Beobachtung von Gegenstandsgruppen
Sonntag	Pause
Montag Dienstag Mittwoch	Beobachtung von komplexen Erscheinungen
Donnerstag Freitag Sonnabend	Beobachtung von äußeren Erscheinungen des Menschen
Sonntag	Pause
Montag Dienstag Mittwoch	Erinnerung an beobachtete Gegenstände
Donnerstag Freitag Sonnabend	Erinnerung an das menschliche Gesicht
Sonntag	Pause
Montag Dienstag Mittwoch	Erinnerung an die menschliche Bewegung
Donnerstag Freitag Sonnabend	Erinnerung an die menschliche Stimme
Sonntag	Pause

Montag	
Dienstag	Erinnerung an den eigenen Gesichtsausdruck
Mittwoch	
Donnerstag	
Freitag	Erinnerung an die eigene Stimme
Sonnabend	
Sonntag	Pause
Montag	
Dienstag	
Mittwoch	Erinnerung an das eigene Verhalten
Donnerstag	
Freitag	
Sonnabend	

4. Die Pflege des Tages

Eine der negativsten Erscheinungen unserer heutigen Lebensform ist das Übertreiben, die Maßlosigkeit. Der Lebensrhythmus der meisten von uns ist davon gekennzeichnet, daß sich viel mehr Aufgaben und Dinge, die zu erledigen sind, auf einem einzigen Tag zusammendrängen, als man ruhig, konzentriert und heiter erledigen könnte. Hast, halbe Arbeit, die drückende Last nicht erledigter Aufgaben, Leistungen, die nicht unserem Anspruch an Qualität und Tempo entsprechen, sind ständig irritierende Faktoren in unserem Alltag. Tagsüber sind wir nervös, abends müde und überreizt. Wir nehmen Beruhigungsmittel und Schlafmittel, zum Ausgleich dopen wir uns mit Kaffee oder anderen Mitteln; am Abend überträgt unsere mit unerledigten Dingen belastete Abgespanntheit und Unruhe ihre Wirkung schon im voraus auf den nächsten Tag.

Würde man die Frage: *Wie oft habe ich mich in der letzten Woche gefreut?* aufrichtig beantworten, könnte man oft zu einem erschreckenden Ergebnis kommen. Der schlimmste Fluch der Maßlosigkeit ist, daß vieles zu freudloser Pflicht wird, was an sich Freudenquelle unseres Lebens sein könnte: die Beschäftigung mit den Kindern, unsere selbst gewählte Arbeit, unser Beruf, der Einkauf, der Haushalt usw. Für sich gesehen sind das gute Sachen. Das Anziehen und Baden des Kindes, das Beobachten seiner Entwicklung könnten eine erfreuliche Beschäftigung sein; die Arbeit, das Betrachten der Schaufenster und der Einkauf könnten Vergnügen bereiten, es könnte Spaß machen, etwas Gutes zu kochen und zu essen. Doch wenn alles zusammen zuviel wird und unsere Zeit dafür nicht mehr ausreicht, wir nicht mehr zum Verschnaufen kommen – dann kann all dies zur Last werden. Der Glanz der alltäglichen Dinge geht verloren. Und ein freudloser, müder Mensch verbreitet Freudlosigkeit in seiner Umgebung, unter seinen Familienmitgliedern, seinen Kollegen und Freunden, und diese wiederum, die meist mit ähnlichen Problemen zu kämpfen haben, antworten auch wieder mit Nervosität und Mißmut. Die Atmosphäre unserer Umgebung wird unangenehm, wir infizieren uns gegenseitig mit schlechter Laune. Besonders die Kinder nehmen die Stimmung der Erwachsenen sehr empfindsam auf, sie werden leicht quengelig und unzufrieden. Das Kind, das noch vorwiegend emotional auf die Dinge des Lebens reagiert, spürt unsere tägliche Gemütsverfassung genau, und es reagiert auch dann darauf, wenn wir uns nach außen sehr zusammennehmen und uns Ruhe oder sogar ein Lächeln aufzwingen. Hinsichtlich der Atmosphäre ist das Kind nicht zu betrügen. Wir nehmen jedoch selten wahr, daß das unerträgliche Benehmen unseres Kindes (das wir letztlich dafür bestrafen) oft von uns selbst provoziert wird, wir bewirken es mit unserer eigenen Ruhelosigkeit.

Unser ganzes Leben besteht aus einer Kette nacheinander ablaufender Tage. **Wenn unser Alltag schlecht ist, dann wird am Ende auch unser ganzes Leben schlecht.** Eines der wichtigsten Geheimnisse eines erfüllten, reichen Lebens ist es, *keine Rückstände zu lassen.* Jeden Tag, jede Lebenssituation, jedes Alter muß man in seiner Gesamtheit durchleben, ohne Rückstände zu hinterlassen. Einfacher gesagt: Wenn ein Kind alles durchlebt hat, was zu einem Kind als Kindergartenkind gehört, dann wird es sich, wenn es Schulkind wird, nicht in den Kindergarten zurücksehnen. Im Fall eines erfüllten, richtig erlebten Lebens wird man sich als Student nicht in die Schule, als Vierzigjähriger nicht in die Zwanziger zurückwünschen, mit Sechzig wird man sich nicht danach sehnen: "Wenn ich noch einmal vierzig wäre!"; und am Ende des bewußten und restlos durchlebten Lebens ist die Behauptung vielleicht nicht übertrieben, daß ein schon sehr alter Mensch nicht mehr jung sein möchte, und wenn er stirbt, vielleicht nicht einmal mehr leben möchte.

Das Zurücksehnen nach früheren Lebensabschnitten und Lebenssituationen ist ein Zeichen dafür, daß wir sie nicht richtig durchlebt haben, daß wir etwas übriggelassen haben, daß wir nicht alles erlebt haben, was uns möglich gewesen wäre und auf das wir einen Anspruch gehabt hätten. Zu spät und meist schon hoffnungslos und deprimiert möchten wir das Versäumte nachholen. Die größte Falle, der größte Selbstbetrug unseres Lebens ist der Kult der "Übergangszeiten und Übergangssituationen". Häufig beruhigen wir uns damit und versuchen, uns von unseren täglichen schlechten Gefühlen zu befreien, indem wir den momentanen Lebensabschnitt als *vorübergehend* bezeichnen.

"Das ist jetzt eine Übergangszeit, weil ich in den Prüfungen stecke, weil ich verliebt bin, weil meine Mutter krank ist, weil ich geheiratet habe, weil wir für eine Wohnung oder ein Grundstück sparen, weil ich schwanger bin, weil das Kind noch im Säuglingsalter ist, weil ich ein Fernstudium mache, weil mein Vater gestorben ist, weil meine Ehe auseinandergeht, weil ich selbst krank bin, weil ich meine Stelle wechsle" usw. "Danach wird mein wirkliches Leben beginnen!" Und wir bemerken nicht, daß unser ganzes Leben aus Übergangszeiten besteht, immer passiert etwas, auf das wir uns berufen, womit wir uns rechtfertigen können. Wir sollten es uns tiefgehend bewußtmachen, daß es keine Übergangszeiten gibt, daß jeder unserer Tage der wirklichste Teil unseres Lebens ist: das ist unser Leben.

Die Beschleunigung unseres Lebensrhythmus, die Fülle unseres täglichen Lebens, seine Überreizung mit Erlebnissen, Nachrichten, Ereignissen ist eine Folge der Lebensform, die unsere moderne technische Zivilisation mit sich bringt. Diese Lebensform hat eine Unmenge Werte geschaffen und ist das Ergebnis einer objektiven ökonomisch-kulturellen Entfaltung. Es hätte weder Sinn noch Verstand, wollten wir den objektiven Kurs des gesellschaftlichen Fortschritts als schlecht, schädlich und abzulehnend bezeichnen. Diese subjektivistische Haltung führt zur Vereinsamung, zur "Verfremdung". Die menschliche Entwicklung ist heute an diesem Punkt angelangt, dies sind ihre Eigenheiten. Wir, die wir Mitglieder der Gesellschaft sind, können nicht einfach vom Weg der Entwicklung der menschlichen Gesellschaft abweichen. Im Gegenteil, wir müssen alles, was der stürmische ökonomisch-wissenschaftlich-technische Fortschritt in der Lebensform entwickelt hat, richtig und konsequent erleben und durchleben. Die positive Einstellung zu der Welt, in der wir leben, ist die erste Vorbedingung für unsere psychische Gesundheit.

Daneben müssen wir aber auch die Nachteile und die Gefahren sehen, die dieser Fortschritt mit sich bringt. Man sollte bedenken, daß wir uns vor der Flut von Ereignissen und Informationen, deren Umfang wir nicht mehr verarbeiten können, oft mit Oberflächlichkeit und Gefühllosigkeit schützen. Oft nehmen wir Dinge nur zur Kenntnis, denken aber nicht darüber nach. Wir hören von Tragödien und gehen darüber hinweg, wir hüten uns davor, unseren adäquaten emotionalen Reaktionen freien Lauf zu lassen und sie zu durchleben. Wir schaffen uns keine Wertordnung, keine Rangordnung nach Wichtigkeit zwischen den Dingen, die zu tun sind; wir nehmen alles gleich wichtig, und so treibt uns das "Fließband" der vielen Pflichten davon. In unserem überlasteten Alltag finden wir kaum Entspannungsmöglichkeiten. Vielleicht klingt es seltsam, doch man muß die Zeit des Wartens und Anstehens nicht unbedingt als Ärgernis erleben. Wartezeit kann auch ein ruhiger Moment sein, der uns geschenkt wird, in dem wir die verschiedensten Dinge durchdenken und uns verpusten können – wenn wir dessen bedürfen und fähig sind, diese halbe Stunde unter diesem Aspekt zu durchleben.

Langsam wird das Wesentliche sichtbar: Wir müssen nicht die Welt verantwortlich machen, sondern sollten uns lieber selbst verändern. Über die Erhöhung unserer psychischen Belastbarkeit, über die Mobilisierung unserer ungenutzten Reserven und mit der Selektion zwischen den wichtigen und weniger wichtigen Dingen können wir die Ruhe und die Freuden unseres Alltags wiedergewinnen. Mit dieser Zielsetzung wird sicher jeder einverstanden sein. Das wirkliche Problem steckt jedoch woanders. Unsere vielfach beklagte Lebensform hat bereits *unbemerkt in so manchem von uns das Bedürfnis nach Ruhelosigkeit und Überreizung entwickelt.* Man ist es selbst, der die Lebensform heraufbeschwört, die man verwünscht. Man empfindet sein Leben als leer, wenn es nicht mit Aktivitäten und Plänen überhäuft ist. Wenn sich plötzlich eine freie Stunde ergibt, weiß man nicht, was man damit anfangen soll. Man erschrickt vor der Stille, vor dem (wenn auch nur kurzen) Alleinsein. Es ist uns ein Bedürfnis geworden, daß "immer etwas passiert", daß uns immer irgendein Reiz trifft. Wenn einem nichts anderes einfällt, schaltet man schnell das Radio oder den Fernseher ein. Warum ängstigen uns die Stille und dieses Sich-selbst-überlassen-sein? Warum dudeln im Gebirge und am Seeufer die Taschenradios? Warum lassen wir den Klang von Wasser, Bäumen und Wind aus unserem Leben entschwinden?

Bevor wir uns mit der Pflege des Tages befassen, müssen wir uns zuerst aufrichtig Rechenschaft geben über unsere übertriebenen Handlungen und Reizbedürfnisse. Wir müssen das Durcheinander zur Kenntnis nehmen, das wir uns selbst schaffen. Wir müssen uns die Frage stellen, ob wir manchmal der Stille und des Alleinseins bedürfen. Oder sind wir uns selbst eine so schlechte Gesellschaft? Nur wenn wir all dies geklärt haben, lohnt es sich, mit den Übungen zur Pflege des Tages zu beginnen.

4.1. Morgens
Die Pflege des Tagesbeginns

Zeitnot und Hast am Morgen sind für die Ausgeglichenheit des gesamten Tages von größtem Schaden. Wenn ein Erwachsener oder ein Kind am Morgen nervös und überhastet losstürzt, so wird der ganze Tag von dieser Grundstimmung des Tagesanbruchs geprägt sein. Wir brauchen vor allem für den Beginn des Tages Zeit, auch um den Preis einer halben Stunde weniger Schlaf. Dieser "Einsatz" wird sich reichlich auszahlen. Damit sichern wir den ruhigen Ablauf unserer morgendlichen Pflichten, einschließlich eines Frühstücks im Sitzen und einiger Minuten für ein kurzes Gespräch. Es ist schon ein wesentliches Ergebnis, wenn niemand in der Familie den Tag mit überreizten Nerven beginnt.

Die Übung: Jeden Morgen sichern wir uns zehn ungestörte Minuten. Wir setzen uns und überdenken der Reihe nach die Aufgaben des bevorstehenden Tages. Damit stimmen wir uns auf die Arbeiten des Tages ein und beugen der Hast vor. Dieses Durchdenken des Tages muß mit folgenden Erwägungen verbunden sein:

- Voraussichtlich wird mein Tag so ablaufen. Werde ich alles, was ich geplant habe, schaffen können? Wenn nicht, was ist dann weniger wichtig, was kann ich weglassen?
- Was für unangenehme und peinliche Situationen stehen mir bevor? Sind sie nötig, oder kann ich sie vermeiden? Wenn nicht, wie werde ich mich verhalten? Bin ich im Recht? Wie wird man sich mir gegenüber voraussichtlich verhalten? Wie werde ich darauf reagieren? Ist das die einzig mögliche Handlungsweise?
- Was für Freuden erwarten mich? Wenn wir keine bevorstehenden Freuden sehen, erkunden wir in uns: was würde ich gern tun, kann ich das noch im heutigen Tag unterbringen?
- Schließlich beenden wir das Durchdenken des bevorstehenden Tages mit einem für uns angenehmen Erlebnis. Wir sagen einige Verszeilen, die wir mögen, erinnern uns an ein erfreuliches Ereignis, an die lieben Worte unseres Kindes, an eine freundliche Bemerkung oder eine Zärtlichkeit unseres Partners, an einen Film, der uns gefiel, an eine schöne Landschaft oder Musik usw. Mit diesem angenehmen Erlebnis gehen wir in den Tag.

Wichtiges Element bei der Durchführung dieser Übung ist die innere Einstellung, die zu erwartenden Ereignisse des Tages nicht als unveränderlich anzusehen wie die Phänome der Natur, sondern sich bewußtzumachen, daß sehr viel von unserem eigenen Willen und Entschluß abhängt.

Im Verlauf der Übung gewöhnen wir uns langsam an die entstehende *Wertordnung*. Wir lernen es, zwischen wichtigen und weniger wichtigen Aufgaben zu unterscheiden und bestehen auf dem Recht, im Interesse unseres Allgemeinbefindens die letzteren weglassen zu können. Wer das als Egoismus bezeichnet, irrt sich sehr. Für jede Familie ist mit Sicherheit eine heitere Mutter oder ein heiterer Vater wichtiger – auch wenn die Wohnung ein wenig staubig oder unordentlich ist – als ein Mensch, der sich in einem "glänzenden Schmuckkästchen" unlustig und erschöpft abplagt und sich ständig "aufopfert".

4.2. Tagsüber.
Eine halbe Stunde, die nur mir gehört

Dies ist ein Minimum, das jedem zusteht. Wir schenken uns eine halbe Stunde zum Abschalten und Lockern, gewöhnlich nach der Arbeit, bevor wir uns den weiteren Pflichten zuwenden. Diese halbe Stunde verbringen wir ganz nach eigenem Bedarf: wir gehen spazieren, sehen uns Schaufenster an, trinken einen Kaffee und sehen dem Treiben zu, wir stöbern in einem Antiquariat, lesen im Park die Sportseite usw. Wesentlich ist, daß wir eine halbe Stunde finden, die wir frei nach eigenem Belieben verbringen.

Achtung! Wer meint, dies würde in seinen Tag nicht mehr hineinpassen, betrügt sich selbst. Wenn wir aufrichtig nachdenken, werden wir mit Sicherheit feststellen, daß wir viel Zeit mit überflüssigen Dingen vertun.

4.3. Abendlicher Rückblick.
Die Pflege des Tagesabschlusses

Das ist die wichtigste Übung! Und zugleich die schwierigste.
Doch haben wir uns erst an sie gewöhnt, wird sie uns zu einem
erstrangigen Bedürfnis werden und nahezu *für sich allein unser
psychisches Gleichgewicht sichern.* Der abendliche Rückblick ist
die Grundübung für das tiefe Verstehen der Situationen, der
Selbsterkenntnis und der Selbstkontrolle.

Abends vor dem Einschlafen durchdenken wir bildhaft den gesamten vergangenen Tag, vom Aufstehen bis zum gegenwärtigen Augenblick. Unser Rückblick muß auf jeden Fall bildhaft
sein, wir lassen den Tag vor uns ablaufen wie einen Film. Wesentlich ist, daß wir zum Betrachter der Tagesereignisse und
damit unser selbst werden. Wir sehen uns, wie wir auf der
Straße gehen, wie wir arbeiten, mit jemandem streiten usw. Dabei muß die zeitliche Reihenfolge eingehalten werden. Die
Grundeinstellung bei dieser Übung ist *die Entfernung vom Ich:*
wir betrachten uns selbst zwischen den Dingen und Menschen,
wie einen Fremden. Wir müssen ermöglichen, daß das Verhalten dieses Menschen – der ich bin – völlig frei auf uns wirken
kann. Und genauso auch das Verhalten derjenigen, mit denen
wir im Verlauf des Tages zusammengetroffen sind.

So können wir zu erstaunlich vielen versteckten Informationen
und Erkenntnissen gelangen, wenn wir uns für einige Minuten
von uns selbst entfernen und die mit uns geschehenen Dinge
von außen betrachten. Die Übung wird zu einem Mehr an Erfahrung führen, das in kurzer Zeit unsere Selbsterkenntnis, unsere Menschenkenntnis, die reale Bewertung von Situationen,
die Kontrolle unserer Reaktionen und unsere Möglichkeiten zur
Veränderung unser selbst steigert.

Es gibt zwei Einflüsse, die den abendlichen Rückblick erschweren:

– Unsere Gedanken schweifen ab, die Zeitfolge des Tages löst
  sich auf, wir geben uns unseren Reaktionen, Gefühlen, Assoziationen und Erinnerungen hin. Bis wir wieder zu uns kommen, sind wir schon weit von den Tagesereignissen entfernt.
– Wir "schlafen ein" über unserem abendlichen Rückblick.
  Kaum sind wir bis zu einem Viertel des Tages gekommen –
  wachen wir schon auf, weil es Morgen ist. Das Einschlafen

5. Vorübungen zur Entwicklung eines emotionalen Gleichgewichts

Für unser seelisches Gleichgewicht bedeuten kurze emotionale Spannungen von schwer zu ertragender Intensität oder von längerer Dauer die größte Gefahr. Wiederholen wir noch einmal: zur Vollkommenheit des menschlichen Lebens gehören tief durchlebte Gefühle und Affekte. Ein ständig kühler und leidenschaftsloser Mensch, der nie eine Spur von Freude, Leid, Liebe, Angst, Ärger und Zufriedenheit ausstrahlt, ist ein entsetzlicher Anblick. Ständige Leidenschaftslosigkeit (die sich häufig in der Monotonie des Redestils und der unmodulierten, farblosen Stimme zeigt) ist entweder ein Zeichen für emotionale Öde oder zeugt davon, daß derjenige vor seinen eigenen Gefühlen Angst hat und versucht, sie zu unterdrücken und vor sich selbst und vor anderen zu verstecken.

Wenn wir uns mit den Möglichkeiten zur Minderung der emotionalen Spannungen beschäftigen, geht es uns nicht um die Verödung unseres Gefühlslebens, sondern gerade um seine Bereicherung. Eine Verarmung des Gefühlslebens kann nämlich auch hervorgerufen werden, wenn uns eine einzige Emotion, ein Affekt oder eine Leidenschaft beherrscht, über eine kürzere oder längere Z… absolut dominiert, den ganzen Horizont unseres Seelenleb… …erdeckt und alle anderen emotionalen und stimmungsab… …en Reaktionen verdrängt. Im folgenden soll die Rede sein von der Lösung einseitiger, durch übersteigerte Emotionen hervorgerufener Spannungen.

Beim gesunden Menschen kommt es verhältnismäßig selten vor, daß ein einzelnes Gefühl, eine einzelne Stimmung oder Leidenschaft beständig die ganze Psyche beherrscht. Krankhaft übersteigerte Eifersucht, phobische Ängste usw. gehören in das Gebiet der Psychopathologie und bedürfen unbedingt der psychotherapeutischen, eventuell auch medikamentösen Behandlung. In solchen Fällen ist es unsere Pflicht uns selbst und unserer Umgebung gegenüber, die Hilfe der Psychiatrie oder der klini-

können wir vermeiden, wenn wir nicht so sehr in die Details gehen. Der Rückblick sollte wirklich "filmartig" ablaufen, d. h. in einem guten Rhythmus und mit auf wesentliche Ereignisse konzentrierten "Schnitten". Bei einzelnen wichtigeren Situationen oder "Szenen" können wir dann etwas verweilen und detaillierter hinsehen, wenn wir dessen bedürfen.

Wenn wir bereits in der Lage sind, den abendlichen Rückblick ohne Abschweifen und Einschlafen auszuführen, dann können wir im Interesse der Entwicklung unserer geistigen Kräfte zu einer schwierigeren Variante übergehen: *wir lassen den Tag in umgekehrter Reihenfolge ablaufen,* ebenso filmartig, vom Augenblick des Hinlegens bis zum morgendlichen Aufwachen. Das Betrachten des vergangenen Tages in umgekehrter Reihenfolge entwickelt unsere Konzentrationsfähigkeit erheblich.

Wiederholen wir: *der abendliche Rückblick ist eine eigenständige Übung, eine der wichtigsten Methoden für die Instandhaltung unserer Psyche, die die vorteilhafte Wirkung vieler kleinerer Übungen in sich vereint.*

Damit schließen wir das Kapitel zur Pflege des Alltags ab. Das Schwergewicht liegt hier darauf, nicht die objektiven Bedingungen zu beschuldigen, sondern zu akzeptieren, daß wir selbst für unsere Lebensform verantwortlich sind.

Nur ist es ein großer Unterschied, ob wir uns ruhig oder nervös beeilen. Und das hängt in erster Linie von uns selbst ab.

schen Psychologie zu suchen. Viel häufiger aber kommt es vor, daß ein einzelnes Ereignis, eine erlebte Situation in uns Emotionen starker Intensität und ein extremes Schwanken unserer Stimmung auslöst. Solche emotional übersteigerten Zustände dauern im allgemeinen nur kurze Zeit an und vergehen in einigen Minuten, Stunden oder Tagen. Neigen wir jedoch zu solchen extremen momentanen emotionalen Reaktionen, dann stellen sich in unserem Alltagsleben zu häufig Momente ein, in denen unser Denken getrübt ist und unsere Selbstkontrolle schwindet. Wir lassen uns zu Handlungen und Aussagen hinreißen, die wir später bereuen – und dann drückt uns das schlechte Gewissen. Das Ergebnis wird eine ständig schwankende Überreiztheit und eine für uns selbst und für unsere Umgebung schwer zu ertragende Spannung sein.

Die für unseren Charakter und für unsere Persönlichkeit typischen Reaktionen sind wirklich sehr schwer zu verändern. Das ist nur möglich durch lange Selbstbeobachtung, auf dem Weg der Selbsterkenntnis und Selbsterziehung mit Hilfe der Psychotherapie oder der Konzentrations- und Meditationsübungen. Die sogenannten Vorübungen dieses Kapitels dienen jedoch nicht diesem Ziel. Hier soll erreicht werden, daß wir die Gründe für unser momentanes überempfindliches und übersteigert emotionales Reagieren und für den Entstehungsprozeß dieser Spannungen erkennen, und daß wir dies letztlich nicht erst nachträglich konstatieren, sondern uns im Augenblick des Entstehens einer unangemessenen emotionalen Reaktion "an den Ohren ziehen" und ihr Ausarten bewußt verhindern.

Epiktet hatte wohl Recht damit, daß nicht die Dinge und Ereignisse selbst in uns unerträglich spannungsgeladene Gefühle und Affekte auslösen, sondern unsere Vorstellungen von ihnen.

Wenn wir unsere elementaren Gefühle betrachten, können wir gewöhnlich feststellen, daß sie so lange anhalten, wie die Ursachen, die sie ausgelöst haben, bestehenbleiben. Zahnschmerzen beschäftigen uns nicht länger, wenn der Schmerz vorbei ist. Auch mit unserem Durst befassen wir uns nicht weiter, wenn wir ihn schon gelöscht haben. Gleichzeitig müssen wir aber die Erfahrung machen, daß die Verletzungen, peinlichen Situationen und Mißerfolge, die wir im gesellschaftlichen Leben und in unseren persönlichen Beziehungen erlebt haben, häufig lang anhaltende und intensive Nachwirkungen in uns auslösen, die uns auch dann noch quälen, wenn das auslösende Ereignis und die damit eventuell verbundenen Folgen schon längst belanglos

geworden sind. Es ist anzunehmen, daß unsere mit diesem Ereignis verbundenen Vorurteile, Vorstellungen, Assoziationen
und Phantasien die emotionale Wirkung fixieren. *Die Kraft und
die Heftigkeit unserer Emotionen werden in starkem Maße von unseren subjektiven Werturteilen, die wir mit ihnen verbinden, gesteigert oder verringert.*

Die emotionalen und intellektuellen Funktionen arbeiten also
in sehr enger Wechselwirkung. Wir müssen uns bewußtmachen,
daß *unsere Emotionen keiner Willensregulierung unterliegen.* Unsere Emotionen können wir nur konstatieren, eventuell können
wir sie unterdrücken. Aber wir können nicht bestimmen, daß
wir den lieben, den wir eigentlich hassen, oder daß uns der
gleichgültig sein soll, den wir bewundern. Ob wir den einen
sympathisch oder den anderen unsympathisch finden, ist keine
Frage unserer vernünftigen Entscheidung. Selbst der Entstehungsprozeß unserer Gefühle ist meist nicht bewußt. Wir stellen
einfach nur fest, daß sie da sind und versuchen höchstens nachträglich, eine Erklärung für sie zu finden.

Hinsichtlich unserer intellektuellen Funktionen nimmt die bewußte und willensgesteuerte Regulierung einen bedeutend größeren Raum ein. Also liegt es auf der Hand, daß wir in erster Linie über die Ebene des Verstands versuchen können, unsere
übermäßig labilen und impulsiven Reaktionen zu steuern.

Um den Wirkungsmechanismus dieser Übungen verstehen zu
können, müssen wir uns intensiver mit dem Gedanken beschäftigen, daß *die psychischen Prozesse energetische Erscheinungen
sind.* Ein stark vereinfachtes Modell soll uns beim Verständnis
dieser Prozesse und Erscheinungen behilflich sein.

Quelle und Erzeuger dieser energetischen Prozesse ist unser
ganzer Organismus, insbesondere die Funktion des Zentralner-
vensystems. Die psychischen Inhalte aber stammen aus den Informationen, die wir aus der Außenwelt und unserer Innenwelt
aufnehmen.

Gehen wir zum besseren Verständnis von einem Vergleich
Mensch–Maschine aus (der ansonsten allerdings grundsätzlich
abzulehnen ist), und betrachten wir für einen Moment unser
Zentralnervensystem und unser Gehirn als einen Computer mit
phantastischen Fähigkeiten. Ein fehlerhaftes Funktionieren des
Computers kann zwei Gründe haben. *Ein Fehler in der Konstruktion:* in unserem Fall würde das einer organischen Krankheit
entsprechen. Nun kann aber die Konstruktion vollkommen sein,
und das Ergebnis ist trotzdem unbefriedigend, dann ist *das Pro-*

gramm fehlerhaft, das man dem Computer eingegeben hat. Psychologisch gesehen, entspricht das den funktionalen Störungen, all den fehlerhaften Inhalten und Informationen, die wir im Verlauf unserer Erziehung und Entwicklung in uns aufgenommen haben. Unsere Übungen werden also das Programm vervollkommnen.

Die Auffassung von den psychischen Prozessen als energetische Erscheinungen ist wörtlich zu verstehen. Erinnern wir uns an einige energetische Grundgesetze aus unserem Schulwissen, und wir werden sehen, daß sie auf unsere seelischen Prozesse anwendbar sind.

Das Gesetz von der Dynamik. Jede energetische Erscheinung ist de facto oder potentiell prozeßartig. Also gibt es auch keine statischen seelischen Erscheinungen. *Jeder psychische Prozeß* (Gedanke, Gefühl, Handlung) *verläuft von irgendwoher irgendwohin.* Der Prozeß kann außerordentlich schnell oder so langsam verlaufen, daß wir erst nach Jahren die Veränderung wahrnehmen. Am Wesen der Sache ändert dies jedoch nichts. Unter den folgenden Übungen werden wir eine finden, die auf dieser Gesetzmäßigkeit aufbaut: welche Tendenzen sind charakteristisch für den Prozeß unserer Emotionen, unserer Lebensführung und unserer Erkenntnisse? Wovon entfernen wir uns und wohin gelangen wir?

Das Gesetz der Transformation. Jede Energieform ist in eine andere Energieform umwandelbar. Solche Umwandlungen sind auch in unserem psychischen Leben zu beobachten. Erregung hemmt die Leistung unseres Verstandes, unser intellektueller Mißerfolg versetzt uns in Unruhe. Emotionale und intellektuelle Energien wandeln sich ineinander um. Transformatorische Prozesse können aber auch innerhalb des psychischen Erscheinungskreises verlaufen: unsere Angst kann zu Aggressivität werden, unsere Aggression kann Beklemmungen bewirken. Unsere Enttäuschung in der Liebe kann in Haß umschlagen. Also sind auch die verschiedenen Arten von Emotionen ineinander verwandelbar.

Transformationserscheinungen verlaufen aber auch zwischen unseren körperlichen und seelischen Funktionen: bei Überfunktion der Schilddrüse werden wir leicht reizbar. Dies ist ein *körperlich bedingter Prozeß mit seelischen Folgen.* Wenn wir dagegen Angst haben, beschleunigt sich unser Herzschlag, wir schwitzen, die Sekretion steigt an usw. Dies ist ein *psychischer Prozeß mit körperlichen Folgen.* Darauf begründet sich die somatopsycho-psychosomatische Auffassung vom Menschen in der modernen Medizin und Psychologie. Dieses zeitgemäße Modell vom Menschen hebt die dualistische Anschauung vom Menschen auf. Es gibt kein ausschließlich körperliches oder ausschließlich geistiges Funktionieren. Es agiert immer der ganze Mensch, unabhängig davon, wieviel wir bewußt bemerken von den Funktionen und ihren Auswirkungen. Alle sonstigen künstlichen Vereinfachungen erfolgen im Interesse der Forschung und der Lehre ungefähr so, wie ein Mathematiker eine übermäßig komplizierte Gleichung in einfachere Gleichungen zerlegt.

Das Gesetz der Transponierbarkeit. Die Strömungsrichtung der energetischen Prozesse ist veränderbar und läßt sich von einem Gegenstand auf den anderen verlegen. (Zum Beispiel kann mit dem Drehen des Wärmestrahlers die Richtung der Wärmestrahlung verändert werden.) So kann sich auch der Gegenstand unserer Liebe oder unseres Hasses verändern. Auch unsere Aufmerksamkeit und unser Interesse können ihren Gegenstand wechseln.

Wer ohne ein Wort der Erwiderung die ungerechten Beschimpfungen seines Chefs erträgt, wird vielleicht zu Hause seinen Affekten freien Lauf lassen und sich unter irgendeinem Vorwand mit seiner Ehefrau zerstreiten. Der aggressive Impuls betrifft den Chef, und die Ehefrau muß ihn erdulden. Ohne Zwischenfall am Arbeitsplatz würde es auch den Konflikt zu Hause nicht geben.

Gesetz vom geringsten Widerstand. Jeder energetische Prozeß verläuft, so keine künstliche Regelung einsetzt, spontan in der Richtung des geringsten Widerstandes.

Auch unsere psychischen Reaktionen wenden sich spontan in die Richtung des geringsten Widerstandes. Deshalb haben zum Beispiel oft die Kinder die meiste Aggression zu erdulden, weil sie am ausgeliefertsten sind, ihnen gegenüber ist das Risiko am geringsten, sie sind die Richtung des geringsten Widerstandes.

Gesetz von der Verteilung der Energie. Jede energetische Spannung kann sich in einem einzigen Impuls entladen, sie ist aber auch teilbar. Die Expansionskraft des Dampfes kann den Kessel zum Explodieren bringen; man kann ihn aber auch über Ventile verteilen und die gleiche energetische Spannung kontinuierlich ableiten und nutzbar machen. Die Atomexplosion zerstört, den gleichen Prozeß kann man aber im Reaktor bremsen und in den Dienst produktiver Ziele stellen.

Ebenso verhält es sich mit unseren psychischen Spannungen. Sie können seelische Störungen verursachen und unser eigenes und das Leben unserer Umgebung zerstören; doch können wir auch im Interesse konstruktiver Ziele mit ihnen "wirtschaften".

Die Vereinzelung unserer Spannungen und Affekte verläuft oft auch ganz spontan – zum Schutz unserer Lebensform. Wenn wir den Nachmittag eines streitenden Ehepaares untersuchen, können wir beobachten, daß acht bis zehn kleine Konflikte zwischen ihnen explodieren: "Wo ist die Zeitung?", "Warum hast du keinen Käse gekauft?", "Warum hast du deine Schuhe nicht ordentlich abgetreten?", "Warum hast du Gäste eingeladen?", "Warum willst du am Sonntag schon wieder zum Fußball gehen?". Natürlich ist hier nicht der Käse das Problem. Vermutlich knistern viel wesentlichere Unzufriedenheiten und Unausgetragenes zwischen den beiden. Wenn sich dieser Affekt aber auf einmal Luft machen würde, dann würden sie aufeinander losgehen oder müßten sich scheiden lassen. Statt dessen leben sie ihre Affekte in vielen kleinen Zusammenstößen aus. Sehr häufig verbirgt sich dieser Prozeß hinter den kleinlichen Stänkereien und Sticheleien.

Mit diesen wenigen Beispielen sollte nur der tatsächliche energetische Charakter der psychischen Prozesse illustriert werden, auf dem unsere Übungen aufbauen.

5.1. Die Rangordnung zwischen den verschiedenen wichtigen emotionalen Reaktionen

Diese umfangreiche Übung zum Erkennen und Beeinflussen der subjektiven emotionalen Wertordnung sollte wenigstens drei, besser aber sechs Monate dauern.

– Wir kaufen ein Heft und notieren jeden Abend in kurzen Sätzen oder Worten die Ereignisse, die uns im Verlauf des Tages erregt und starke Emotionen und Affekte in uns ausgelöst haben.

- Am Ende der Woche lesen wir uns unsere Notizen durch und beobachten dabei, auf welche Ereignisse wir noch immer reagieren, welche uns noch immer ärgern oder freuen. Diese lassen wir unberührt. Die, die uns gleichgültig geworden sind, streichen wir.
- Nach einem Monat sehen wir nicht nur die Notizen der vorherigen Wochen durch, sondern lesen die emotional wichtigen Ereignisse der vergangenen vier Wochen. Wir lassen wieder nur die unberührt, die uns noch immer erregen. Die anderen streichen wir.
- Am Ende des Zyklus gehen wir sämtliche Notizen noch einmal durch. Die Ereignisse, und nur die, die auch nach einem halben Jahr noch wesentliche emotionale Reaktionen in uns auslösen, sind die für uns bedeutenden Geschehnisse. Alles andere waren nur Episoden.

Zur Durchführung dieser Übung braucht man viel Konsequenz. Doch die Mühe lohnt sich: Es wird uns überraschen, wie gering die Zahl der wirklich bedeutenden Ereignisse ist, die es wert sind, daß sie uns emotional beschäftigen. Wir werden sehen, wie häufig wir uns überflüssig aufgeregt haben. Im Verlauf der Übung *lernen wir, zwischen emotional wichtigen und unwichtigen Dingen zu unterscheiden,* später dann nicht nur im nachhinein, sondern auch im Moment ihres Entstehens. Unsere beginnende Erregtheit wird dann immer schneller von einem Lächeln gebremst werden: wir erkennen, daß diese Erregung in kurzer Zeit von selbst vergehen wird; am Ende der Woche würde sie dem Bleistift zum Opfer fallen.

Außerdem trägt diese Übung zu unserer Selbsterkenntnis bei: Wir bekommen ein Bild davon, auf welche Art von Einflüssen wir übermäßig empfindlich reagieren, aus welchen Situationen unsere überflüssigen Erregungen stammen und was unsere Gefühlswelt wirklich tief berührt.

5.2. Die Übung des Rollenwechsels

Für diese Übung benötigen wir die grundlegende innere Überzeugung, daß unsere emotionalen Reaktionen keine unveränderlichen Naturerscheinungen sind, sondern daß sie einen Grund und eine Entwicklungsgeschichte haben und zahlreichen

Veränderungen unterliegen. Diese sind erkennbar und vielleicht veränderbar.

Gegenstand der Übung kann sein:

- ein quälender Konflikt, Gefühlsausbruch oder eine verletzende Szene,
- ein problematisches oder schmerzendes anhaltendes Gefühl, Ärgernis, Abneigung, der Zerfall einer Beziehung usw.,
- eine für uns selbst schwer erträgliche, unsympathische eigene Eigenschaft.

5.2.1. Erste Phase der Übung

Hin und wieder widmen wir eine halbe Stunde dem *Nachspüren der Entstehungsgeschichte* des für uns problematischen Gefühls (Ärgernis, Abneigung, Gefühlsausbruch, Zerfall einer Beziehung). In Gedanken durchleben wir die Szene oder die Geschichte der Beziehung vom ersten Augenblick bis zur Gegenwart. Wir formulieren genau unsere anfänglichen Gefühle und suchen die kritischen Punkte und Situationen, die die Veränderungen herbeigeführt haben. Dabei werden unausweichlich vergessene Episoden zum Vorschein kommen. Hier sind wieder die, die heute noch schmerzen und uns quälen, die wesentlichen.

Die gleiche "Fahndung" können wir nach den Ursprüngen unserer für uns selbst unangenehmen Eigenschaften in Gang setzen. Wir können die vergessenen, vielleicht bis in die Kinderzeit zurückreichenden Situationen suchen, als wir z. B. zum ersten Mal feige waren, das erste Mal in unserer Bedrängnis gelogen haben oder in unserer Angst gewalttätig waren. Und wir werden feststellen können, daß es in unserem Verhalten viele paradoxe Elemente gibt, z. B. haben wir übermäßig viel Angst vor den Menschen, fühlen uns ausgeliefert und schutzlos und werden deshalb schroff und streitlustig.

5.2.2. Zweite Phase der Übung

Nun durchdenken wir die Geschichte noch einmal aus der Sicht unseres Partners. Wir versetzen uns in die Situation "ich bin er/sie". In unserer Vorstellung verwirklicht jetzt er/sie unser eigenes Verhalten, er/sie spricht unsere Sätze. Wir beobachten, welche Reaktionen das jetzt in uns bewirkt. Das Ergebnis wird nicht unbedingt angenehm sein, auf jeden Fall aber wird es vieles von dem eigenen Verhalten und dem unseres Partners verständlich machen. Es können sich Wege zu einer Veränderung öffnen.

Das Wesen der zweiten Phase dieser Übung ist also der in konfliktreichen, schmerzhaften Situationen durchlebte *fiktive Rollentausch.*

5.2.3. Dritte Phase der Übung

Jetzt *durchleben wir das Geschehen in unserer Vorstellung noch einmal anders.* Im Verlauf des Rollentausches verhalten wir uns und unsere Partner (Mutter, Vater, Kind, Freund, Geliebter) anders, als es ursprünglich abgelaufen ist. Was wäre so aus der Situation geworden? Wie hätte sich die Beziehung entwickelt? Das Wesen dieses "anderen Verhaltens" liegt im Gegensatz: wenn wir grob waren, sind wir jetzt in unserer Phantasie freundlich; wenn wir uns geduckt haben, suchen wir die Möglichkeiten energischer Entgegnungen.

Wichtigste Wirkung dieser Übung ist es, daß *sie unsere fixierten und stereotypischen Verhaltensformen aufbricht.* Wir werden beobachten, daß wir uns in identischen Situationen – unabhängig von den nicht nur einmal erfahrenen bitteren Folgen – immer und immer wieder mechanisch in gleicher Weise verhalten, daß wir ständig mit unserem Partner nahe dem "Stichwort" sind. Mit unserem Ehepartner nörgeln wir, über unsere Mitarbeiter spötteln wir, unserem Chef schmeicheln wir, unseren Kindern predigen wir usw. Jetzt aber müssen wir es ertragen, daß wir z. B. als unser Kind mit seinen Ohren unsere eigenen Predigten anhören, mit den Augen unserer Kollegen erleben, wie wir uns als Chef aufspielen usw.

Das Erkennen unserer stereotypen Verhaltensschemata wird nach einiger Zeit ihre spontane Wiederholung verhindern. Unser Verhalten wird wieder "lebendig", wir werden andere mehr verstehen können und weniger egozentrisch ungerecht sein. Wir müssen uns darauf einstellen, daß *derartige Übungen eine große Kraftprobe für unsere Selbstannahme sind.* Sie greifen unsere Eitelkeit und unsere Mechanismen des Selbstschutzes an. *Die in den vorangegangenen Kapiteln beschriebenen Übungen, insbeson-*

dere die fünf Grundübungen, bereiten den Weg vor; von der unvoreingenommenen Beurteilung unserer Außenwelt zur immer weiteren Annäherung an eine objektive Sicht auf uns selbst. Die Grundübungen erhöhen unsere Belastbarkeit und entwickeln unsere inneren Kräfte so weit, daß wir dies auf uns nehmen können.
Und je weiter wir auf diesem Weg vorankommen, zeigt es sich, daß wir mehr und mehr unsere Flucht- und Schutzreaktionen aufgeben. In bedrängten, gespannten Situationen lügen wir weniger, seltener treiben wir uns in einen Wutanfall, und wir greifen nicht mehr so oft zum Alkohol, um eine Lösung zu suchen. Wir verkrampfen uns nicht in einer "unnahbaren" Grundhaltung.

5.3. Die Übung zur Konfrontation mit sich selbst

Diese Übung erfordert schon sehr beträchtliche Ich-Kräfte. Wir können in unserem Leben Situationen und Konflikte beobachten, vor denen wir ständig fliehen. Das kann ein ungelöstes sexuelles oder emotionales Problem sein, z. B. die Angst, uns irgendeinem Menschen (einem Kollegen, dem Chef) zu stellen, während wir statt dessen ständig unseren Ärger hinunterschlucken. Wir können uns auch vor bestimmten familiären oder gesellschaftlichen Begegnungen, vor einem Rivalen oder einfach vor einem psychischem Symptom, z. B. vor unseren Hemmungen, fürchten. Daß *wir vorne laufen und hinter uns das Problem haben, vor dem wir Angst haben,* kann dann zu einem Dauerzustand werden. Die Übung zur Konfrontation mit sich selbst beendet diese leidige Situation.

5.3.1. Konfrontation auf gedanklichem Weg

Freud nannte nicht von ungefähr das Denken eine "Probehandlung mit geringem Energieaufwand".
Wir stellen uns die Problemsituation und die übliche Fluchtreaktion vor. Jetzt verändern wir in Gedanken unser Verhalten: wir stellen uns der Situation. Wir müssen das ganz genau bis ins Detail herausarbeiten und in Gedanken durchleben. Wir formulieren Wort für Wort unsere Sätze, sehen unsere Haltung bild-

lich vor uns und hören, was man uns antwortet und wie wir darauf reagieren. Wesentlich ist dabei, daß wir unser *Verhalten von der Defensive in die Offensive umkehren*. Nehmen wir das Risiko auf uns, das mit dem Erleben dieser erschreckenden Situation verbunden ist! Vorbedingung für die Übung ist jedoch, daß wir objektiv im Recht sind. Das müssen wir im Verlauf der vorangegangenen Übungen geklärt haben.

Letztlich erreichen wir auf gedanklichem Wege ein für uns innerlich beruhigendes Verhalten, eine Lösung. Im größten Teil dieser Fälle bedeutet das *eine Entscheidung* bzw. *eine Wahl*. Meistens schrecken wir vor der Verantwortung für die Entscheidung zurück, haben wir Angst vor den Konsequenzen unserer Wahl; wir möchten uns im voraus versichern gegen die zu erwartenden eventuell negativen Folgen. Und so halten wir oft über Jahre hinaus uns unerträgliche Situationen aufrecht. Die Konfrontation auf gedanklichem Wege müssen wir öfter wiederholen, *wir müssen sie üben*. Mit dem Wiederholen der Übungen fahren wir so lange fort, bis wir uns an den Gedanken der Konfrontation gewöhnt haben, bis unsere Beklemmung abnimmt und uns *die Konfrontation zu einem Bedürfnis wird*.

5.3.2. Konfrontation mit der Realität

Die Konfrontation auf gedanklichem Weg wird in einem Teil der Fälle *spontan in ihre praktische Realisierung übergehen*. In einigen der sich wiederholenden ungelösten Situationen sprechen wir plötzlich aus, was wir uns in Gedanken erarbeitet haben. Die Konfrontation ist in der Realität erfolgt – wir haben es hinter uns.

In den anderen Fällen erfordert die Konfrontation in der Realität wiederum besonderen Kraftaufwand. Zur besseren Vorbereitung vertiefen wir uns mehrmals in die folgenden Gedanken:

Erster Gedanke: Das Leben ist nicht dafür da, daß wir jedesmal gut abschneiden. In unserem Leben muß auch Platz sein für Mißerfolge, Niederlagen und Neuanfänge. Das entwickelt in uns Eigenschaften, die auf einem immer bequemen Lebensweg nicht zum Vorschein kommen.

Zweiter Gedanke: Die Dinge haben meist gar nicht so verhängnisvolle Konsequenzen, wie es uns unsere Phantasie vorgaukelt. Die Menschen respektieren den Mut. Nur unsere Feigheit ermutigt sie, unsere Situation zu mißbrauchen. Unser verändertes Verhalten verändert auch ihre Reaktionen. Es ist wohl möglich, daß sie uns so mehr achten werden.

Dritter Gedanke: Es gibt Situationen im Leben, die man nur mit einer gewissen Härte, manchmal sogar mit Rücksichtslosigkeit bestehen kann. In unserer Angst, ein bißchen hart zu sein und Schmerz zu verursachen, verschleppen wir oft die Entscheidung und lassen eine viel schwerere Situation entstehen, die man dann wirklich nur noch auf sehr rücksichtslosem Weg lösen kann. Wir versäumen es, die geringeren Spannungen zu akzeptieren, bis wir dann dem Durchleben einer viel größeren Spannung nicht mehr ausweichen können.

Vierter Gedanke: Wie oft haben uns schon die Angst und die übertriebene Schonung unser selbst ins Unglück gestürzt! Die Ängste, die uns am Handeln hindern, sind oft nur Vorwand zur Tarnung unserer unbegründeten Feigheit und Angst um die eigene Person. Vielleicht sind wir oft gar nicht so gut und rücksichtsvoll, sondern einfach nur egoistisch.

Fünfter Gedanke: Der Verlauf unserer Zukunft und unserer Lebensumstände läßt sich nicht völlig vorausberechnen, er wird von zu vielen komplizierten Faktoren bestimmt. Wenn wir die Entscheidung nicht auf uns nehmen, lassen wir es zu, daß die Ereignisse uns aus der Hand gleiten und wir sie nur noch passiv erdulden. Wenn wir uns aber entscheiden, können wir zwar auch nicht alle Folgen unserer Entscheidung voraussehen, doch die Tatsache einer gefällten Entscheidung hält uns psychisch zusammen, stärkt und erhöht unsere Sicherheit.

Sechster Gedanke: Hätte man uns vor fünf Jahren unsere heutige Situation, den gegenwärtigen Verlauf unseres Lebens gezeigt, hätten wir das in vieler Hinsicht als unmöglich bezeichnet. So würde es uns auch heute gehen, könnten wir uns fünf Jahre später sehen. Deshalb sollten wir unsere Vorstellungen von unserer Zukunft nicht überbewerten. Die momentanen peinlichen Situationen halten nicht ewig an, vielleicht tragen sie den Keim eines späteren Positivums in sich.

Wenn wir all dies durchdenken und durchleben, wird es uns unausweichlich der realen Konfrontation, dem Mut zur Entscheidung und der Lösung unserer peinlichen Situation näher bringen.

6. Die Konzentration

Die Konzentration ist anhaltendes, geordnetes, auf ein Ziel ge-
richtetes Denken, eine sich vertiefende Aufmerksamkeit für einen bestimmten Gegenstand – sei das eine physikalische Erscheinung oder ein geistiger Inhalt. Das Wesen der Konzentration liegt in der Objektivität – das vorübergehende "Abstellen"
unserer eigenen subjektiven Reaktionen, Assoziationen und Gefühle.
Es ist erstaunlich, wie häufig die Konzentration mit der Meditation verwechselt wird. Zwar wird in einzelnen Schulen die Konzentration als Vorübung für die Meditation angewandt, das ändert jedoch nichts an der Tatsache, daß die aktive und um Objektivität bemühte Konzentration der "Kontrapunkt" für die gei-
stig passive und subjektive Meditation ist. Dadurch eignet sie
sich besonders als vorbereitende Übung für die Meditation.
Unsere psychohygienischen Übungen können wir nicht mit der
Konzentration beginnen. Eine erfolgreich durchgeführte Konzentration bedarf des vorherigen "Trainings". Die bisherigen
Übungen kann man – obwohl sie auch eigenständig angewen-
det werden können – als Vorübungen für die Konzentration betrachten. Erst wenn wir mit ihnen schon einen anhaltenden Erfolg erreicht haben, ist es sinnvoll, zur eigentlichen Konzentration überzugehen.
Die Übungen der Konzentration unterstützen das Ordnen unserer ganzen Persönlichkeit und die Entwicklung unserer Ich-
Kräfte. Mit der Konzentrierung unserer Kräfte des Verstandes
und des Denkens schaffen sie einen "Kristallisationspunkt", eine
bewußte und vom Willen gesteuerte konzentrierende Fähigkeit,
einen Ruhezustand, die in ihrer Wirkung nach und nach auch
auf andere Gebiete des Psychischen, vor allem auf unser Stim-
mungsleben übergehen. Die Konzentration steigert gewöhnlich
die intellektuelle Beherrschung von Spannungen, die Belastbarkeit, die Fähigkeit zur Vertiefung – und dadurch die Arbeitsfä-

higkeit. Sie hilft, unsere Persönlichkeit zu ordnen und ein Gleichgewicht des Gefühlslebens herzustellen.

Die Art und Weise, wie wir die Übungen durchführen, unterscheidet sich jedoch in Abhängigkeit davon, mit welchen Problemen wir kämpfen. Da die Hektik, die Überreiztheit und die Nervosität das Grundproblem sind, haben sich im allgemeinen die sogenannten Entspannungsübungen verbreitet. Das sind die Methoden des autogenen Trainings; auf der Technik der Muskelentspannung bauen Übungen auf, die die Verringerung der psychischen Spannungen bewirken und innere Ruhe schaffen. Viele Menschen leiden jedoch nicht unter diesem Problem, sondern unter Entnervung, Ermüdung, Schlafsucht, an einer Art "Energie-Ebbe". Es ist also nicht angebracht, nur einseitig die Entspannungsübungen anzuwenden. Die letzteren benötigen gerade im Gegenteil Übungen zur Tonuserhöhung, zur Steigerung des Aktivitätsniveaus. An den entsprechenden Stellen werden wir darauf hinweisen, wie man die Übungen durchführen muß, um die gewünschte Wirkung zu erreichen. Untersucht man die Problematik der Konzentrationsübungen aus einem anderen Gesichtswinkel, müssen wir uns bewußt sein, daß unsere heutige Lebensführung sehr oft durch eine Vergeudung und Verzettelung der Kräfte charakterisiert ist. Unsere zu verschiedenartigen Aufgaben, Verpflichtungen, unerledigten Arbeiten und komplizierten Erledigungen ergeben letztlich, daß wir uns mehr aufbürden, als wir in unserem natürlichen Rhythmus verkraften können – unvermeidlich werden wir oberflächlich, und häufig können wir gerade dann nicht genügend aufmerksam sein, wenn wir (oder andere) es am nötigsten brauchen würden. Wir vergeuden enorm viel Energie mit überflüssigem Gerede, mit Klagen und mit gemeinschaftlichem, auch für uns selbst langweiligem und ermüdendem Geschwätz.

Es gibt einen treffenden Ausspruch: "Zu reden, ohne etwas zu sagen zu haben, zu trinken, ohne Durst zu haben, zu lieben, ohne Lust zu haben – das sind die drei Grundsünden, die der Europäer von heute am häufigsten begeht." Und schließlich entsteht so ein Lebens-"Fließband", das uns in dieser Kraftvergeudung durch die Tage und Wochen "hindurchzieht" und von dem wir – obwohl wir uns deutlich dagegen auflehnen – doch nicht abspringen können. Die Konzentrationsübungen tragen auch dazu bei, daß wir uns besser "zusammennehmen" und auch unsere tägliche Lebensführung besser auf das Wichtigste konzentrieren können.

6.1. Einführende Übungen

Zuerst einmal ist für die Konzentrationsübungen ein gewisses Maß an Zeit und Ruhe nötig. Wir können sie im Zimmer oder auch an einem ruhigen Fleck im Freien durchführen, wenn wir mit Sicherheit wenigstens eine halbe Stunde lang nicht gestört werden. Ziel der einführenden Übungen ist es, unsere aktuellen Spannungen zu verringern und einen momentanen Ruhezustand entstehen zu lassen, in dem wir überhaupt anfangen können zu arbeiten. Sie sind zugleich auch schon ein Konzentrationstraining. Bevor diese Übungen nicht gut gelingen, gehen wir nicht zum nächsten Schritt über. Die Konzentrationsübungen müssen nicht unbedingt in strenger zeitlicher Regelmäßigkeit durchgeführt werden, es empfiehlt sich aber, sie wöchentlich mindestens einmal zu machen.

6.1.1. Erste Übung

Wir breiten eine Decke auf der Erde aus und setzen uns bequem und mit verkreuzten Beinen im "Schneidersitz" darauf. Sind wir eher angespannt und nervös, dann legen wir unsere Hände übereinander in den Schoß und lassen unseren Körper locker und fast vom eigenen Gewicht gezogen nach vorn neigen, auch der Kopf beugt sich nach vorn. Diese Körperhaltung wirkt entspannend.
Sind wir müde und abgespannt, dann richten wir uns gerade auf, drücken das Kreuz durch, halten den Kopf gerade und legen unsere Hände auf die Knie. Diese Körperhaltung wirkt erfrischend.
Wir schließen die Augen und atmen tief und gleichmäßig. Unsere Atmung wird mit der Zeit langsamer.
Jetzt *konzentrieren wir uns ausschließlich auf unsere Nasenlöcher* und achten nur darauf, wie die Luft durch sie ein- und ausströmt, 8 bis 10 Atemzüge lang.

6.1.2. Zweite Übung

In gleicher Haltung achten wir darauf, wie sich unsere weiteren Körperteile in die Atmung einschalten: wie die Luft durch unseren Rachen strömt, wie sich unser Brustkasten zusammenzieht und dehnt, wie sich unser Zwerchfell hebt und senkt. Wenn wir das genau spüren, *versuchen wir, die wellenartige Bewegung unseres Körpers bildhaft vor unser geistiges Auge zu projizieren und in unserer Vorstellung mit dem Prozeß des Atmens zusammen zu sehen.* Über 8 bis 10 Atemzüge konzentrieren wir uns nun auf dieses Bild.

6.1.3. Dritte Übung

Wenn die ersten zwei Übungen schon gut gelingen, konzentrieren wir uns in derselben Körperhaltung darauf, daß auch das Luftholen, wie alles auf der Welt, einen Anfang, einen Verlauf und ein Ende hat.
Gegenstand unserer Konzentration ist also:
    Anfang – Verlauf – Ende des Einatmens.
    Anfang – Verlauf – Ende des Ausatmens.
Wir konzentrieren uns jetzt nur darauf, ebenfalls wieder über 8 bis 10 Atemzüge.

6.2. Konzentrationsübungen

6.2.1. Konzentration auf einen Punkt

In die Mitte eines weißen Blattes Papier zeichnen wir einen gut sichtbaren schwarzen Punkt. Das Blatt befestigen wir in Augenhöhe an der Tür.
Im bequemen Schneidersitz, mit den Händen auf den Knien und in aufrechter Körperhaltung sehen wir, möglichst ohne zu zwinkern, einige Minuten lang kontinuierlich auf diesen Punkt. Der Zeitumfang der Übung kann schrittweise gesteigert werden. Wir müssen darauf achtgeben, daß unser Blick nicht abschweift, daß wir *nur auf den Punkt achten;* wir versuchen also, "uns zu entleeren", unsere Assoziationen, Gedanken und Gefühle zu verdrängen, damit sie nicht unsere Aufmerksamkeit ablenken.

6.2.2. Konzentration
auf einen vorgestellten Punkt

Je nach unserem psychischen Zustand, in aufrechter oder ge-
beugter Haltung und mit geschlossenen Augen, konzentrieren
wir uns auf einen ebensolchen, jetzt allerdings schon vorgestellten Punkt. Die Übung gelingt uns dann vollständig, wenn wir
den Punkt wirklichkeitsgetreu projizieren können und ihn auch
mit geschlossenen Augen sehen, allerdings sehen wir *nur den
Punkt*, ohne jeglichen abweichenden Gedanken oder ablenken-
des Gefühl.
Wir werden feststellen, daß dies nicht leicht zu erreichen ist.
Wenn es uns gelungen ist, konzentrieren wir uns einige Minuten
lang bewegungslos auf diesen Punkt.

6.2.3. Konzentration
auf einen Gegenstand

Wir nehmen wieder die gleiche Körperhaltung ein. Zum Objekt
unserer Konzentration wählen wir einen nicht zu komplizierten
Gegenstand: eine Pflanze, eine Vase, ein einfaches Bild usw.
Wir bewegen uns möglichst nicht. Mit unserem Blick *erfassen
wir* den ganzen Gegenstand *auf einmal,* das heißt, wir verlieren
uns nicht in Details. Die Details sollen innerhalb des unbewegten Konzentrierens auf den Gegenstand erfaßt werden.
Wie bei allen Konzentrationsübungen ist auch hier die innere
"Entleerung" von unseren Erinnerungen, Gedankenassoziatio-
nen und Gefühlen wichtigste Voraussetzung. Unser Bewußtsein
darf nur von dem Gegenstand ausgefüllt sein, auf den wir uns
konzentrieren.

6.2.4. Konzentration
auf einen vorgestellten Gegenstand

In der entsprechenden Körperhaltung für die Konzentration
stellen wir uns nun einen einfachen Gegenstand vor. Mit geschlossenen Augen sehen wir ihn ganz wirklichkeitsgetreu vor
uns. Das gesamte Bild des Gegenstandes muß völlig klar sein,
seine Konturen, Details, die Farbe seiner Oberfläche, sein Mate-

rial und seine Schattierungen. Wir konzentrieren uns nur darauf, dabei sind wir gedanklich und emotional völlig "leer".

Wir werden feststellen, daß wir erst nach ziemlich vielen Versuchen einen vollen Erfolg erreichen können. (Einzelne Schulen steigern die Vollkommenheit der Konzentration auf einen Gegenstand und die räumliche Realitätstreue des vorgestellten Bildes – wozu auch die vorgestellte räumliche Nähe gehört – so weit, daß sie ganz sicher spüren: wenn sie sich vorbeugen, könnten sie den Gegenstand mit ihrer Stirn berühren, und wenn sie es gedanklich tun, spüren sie sogar den leichten Stoß.) Für uns ist es nicht notwendig, das vertiefte Hineinleben so weit zu steigern, für uns reicht es, wenn wir im Verlauf der Konzentration zu einem klaren Bild des Gegenstandes gelangen.

Wir werden weiterhin feststellen, daß diese Konzentrationsübung – wenn sie erfolgreich verläuft – unser Zeitgefühl "ausschaltet". Nachträglich werden wir überrascht sehen, wieviel Zeit während der Vertiefung vergangen ist, ohne daß wir es bemerkt hätten. Diese vorübergehende Aufhebung des Empfindens von Zeit ist eine der sichersten Kontrollen für den Erfolg der Konzentration. (Natürlich ist hier nur gemeint, daß der Zeitumfang der Konzentration unmerklich zunimmt und wir nachträglich bemerken, daß nicht einige Minuten, sondern eine viertel oder halbe Stunde vergangen ist.)

6.2.5. Konzentration auf ein widergespiegeltes Licht

Gegenstand der unter den üblichen Bedingungen und in der gewohnten Körperhaltung, mit geschlossenen Augen durchgeführten Konzentration, ist der folgende:

Wir stellen uns einen See mit einem unbewegten Wasserspiegel vor. Über dem See strahlt die Sonne. Das Licht der Sonne spiegelt sich im Wasser.

Wir konzentrieren uns darauf.

6.2.6. Konzentration auf einen verklingenden Ton

Auf die gewohnte Weise versuchen wir, in unserer Vorstellung einen für uns sehr angenehmen, anhaltenden musikalischen Ton verklingen zu lassen. Das kann der Ton einer Stimme oder eines Blas- oder Streichinstrumentes sein. Wir können uns auch damit behelfen, daß wir vorerst in der Realität einen solchen Ton mehrmals hören, z. B. eine Klaviertaste anschlagen.

Wichtig ist, daß wir anschließend auch mit geschlossenen Augen uns *den Ton* vorstellen können, *wie er erklingt, immer leiser werdend noch lange singt, letztlich kaum noch hörbar ist und sich verliert.*

Damit sind die Grundübungen der Konzentration beendet. Nach den sorgsam ausgeführten Grundübungen werden wir immer häufiger die wohltuende direkte Wirkung einzelner Konzentrationsübungen bemerken: eine innere Beruhigung und Lockerung bzw. Belebung. Und allmählich auch, als sich summierende Wirkung, unsere gute Verfassung, Ausgeglichenheit und die Steigerung unserer Arbeitsfähigkeit. Vielleicht erscheint uns die Welt auch etwas interessanter, denn es ist immer nur die Oberfläche der Dinge und der Menschen langweilig und belanglos. Die Fähigkeit zur Vertiefung erschließt immer neue Schichten der Realität und erfüllt uns mit der Freude der Entdeckung und Erkenntnis.

6.3. Konzentration auf abstrakte Inhalte

Haben wir die Grundübungen erfolgreich absolviert, dann können wir dazu übergehen, unsere Konzentration auf abstrakte Inhalte zu richten. Wir benötigen keine wirklichen oder vorgestellten berührbaren Gegenstände oder Erscheinungen mehr, sondern sind nun in der Lage, uns *auf Gedanken zu konzentrieren.*

Der zum Objekt der Konzentration gewählte Gedanke oder die Gedankenreihe sollte immer kurz, dicht und inhaltsreich sein. Sie darf keine überflüssigen "Füllelemente" enthalten und soll das Wesentliche einer Problematik erfassen.

Die Gedankenreihe, die wir zum Gegenstand der Konzentration wählen, muß dem Problemgebiet entstammen, das uns immer wieder oder gerade im Moment sehr beschäftigt. In erster Linie sollten wir aus dem Bereich unserer ungelösten Situationen, unserer komplizierten Aufgaben, mit denen wir uns quälen, und unserer problematischen inneren Eigenschaften, die für eine lohnende Konzentration geeigneten Gedanken formulieren und vielleicht genau beschreiben. Denn die Gedanken, die Gegen stand der Konzentration sein sollen, *müssen wir zuvor erlernen*, damit wir keine Schwierigkeiten haben, wenn wir uns den Gedanken vorstellen und wir uns mit unserer ganzen geistigen Kraft auf die Gesamtheit des Inhalts konzentrieren können. Durch die Wirkung der Konzentration erschließt sich allmählich *das Hinterland* der Gedanken. Im Verlauf der Vertiefung reihen sich nach und nach unsere mit dem gegebenen Gedanken verbundenen Erlebnisse auf, es formen sich Urteile in uns, die die Ereignisse in einem vom Gewohnten abweichenden Licht zeigen. Wer in der Konzentration bewandert ist, kann bereits im Verlauf der Übung *ein periodisches gedankliches Auf und Ab zwischen Verengung und Erweiterung realisieren.* Er konzentriert sich zuerst auf den gedanklichen Inhalt; dann läßt er seinen ausschließlich mit dem Gegenstand verbundenen, hervordringenden Erinnerungen, Erlebnissen und assoziativen Gedanken freien Lauf, danach "verengt" er von neuem seine intellektuelle Aktivität auf den Grundgedanken; dann gibt er erneut seinen Assoziationen Raum. Im Verlauf einer "Sitzung" können wir zwei, drei solche Perioden ablaufen lassen. Die Konzentrationsübung beschließen wir immer mit der Konzentration auf den ursprünglichen Gegenstand.

Wir werden feststellen, daß die im Verlauf der Konzentration aufgetauchten Gedanken weiter "in uns arbeiten", und mit der nächsten Übung wird sich unsere Erkenntnis weiter vertiefen. Zu einzelnen Gedanken können wir auch mehrfach zurückkehren, es können also mehrere Konzentrationsübungen den gleichen Gegenstand haben. Es ist sinnvoll, den Gegenstand der Konzentration dann zu wechseln, wenn wir nach mehrfacher Konzentration auf einen Gedanken nicht mehr tiefer gelangen. Nach längerer Zeit aber ist es empfehlenswert, wieder zu unserem alten Gegenstand zurückzukehren.

Wir müssen also den Inhalt unserer Konzentration für uns selbst bestimmen. Zu diesem Zweck können wir unsere eigenen Gedanken nutzen oder Gedanken von anderen – eine Verszeile, Sätze eines Philosophen oder Schriftstellers, die unsere Probleme berühren –; wesentlich ist, daß wir den Gedanken mögen und daß er wichtig ist für uns. Als Beispiele seien hier einige für die Konzentration geeignete Gedanken aufgeführt, unter denen wir für den Anfang, mangels eigener Ideen, auswählen können.

6.3.1. Konzentrationsinhalte aus dem Problemkreis der Lebensführung

"Wer Chaos in sich trägt, verursacht Chaos in seiner Umgebung. Wer sein Inneres geordnet hat, schafft auch Ordnung um sich herum."

Gedanklicher Hintergrund: Das Kind ist vor allem noch ein reaktives Wesen. Sein Verhalten ist eine Antwort darauf, wie sich seine Umgebung ihm gegenüber verhält. Der Erwachsene hat sich die Möglichkeit der wirklichen Aktivität geschaffen und kann seine Umgebung formen. Sein seelischer Zustand strahlt gewollt oder ungewollt auf seine Umgebung aus. Oft machen wir für unsere Probleme unsere äußere Umgebung verantwortlich, obwohl wir sie selbst geformt haben. Wenn wir in uns Ordnung schaffen, finden wir auch in unseren kompliziertesten Situationen die Lösung.

"Die Vergangenheit ist nicht mehr. Die Zukunft ist noch nicht. Die einzige Realität ist die Gegenwart."

Gedanklicher Hintergrund: Infolge der Undiszipliniertheit unseres Denkens vergeuden wir enorm viel überflüssige Energie damit, daß wir uns zu lange bei der Irrealität der Vergangenheit und der Zukunft aufhalten. Wir grübeln über unsere alten Verletzungen oder sehnen uns nach unseren vergangenen Lebensumständen zurück; wir erschrecken oder trösten uns mit einer eventuellen Zukunft. Währenddessen gleiten wir an der aktuellen Realität, an unserer Gegenwart vorbei und durchleben sie nicht mit der notwendigen Tiefe und Intensität. Dadurch irren und versäumen wir viel. In erster Linie müssen wir die Gegenwart beachten.

"Wir können uns von allem lossagen, nur die Hauptwurzeln unseres Lebens dürfen wir nicht durchtrennen. Ich suche die Wurzeln meines Lebens."

Gedanklicher Hintergrund: Im Leben kommen wir ohne Kompromisse nicht aus. Wir müssen uns auch anderen anpassen. Wir dürfen jedoch keine Kompromisse eingehen, die wir nicht ertragen können. Die Grundlagen unseres Lebens müssen unverletzt bleiben. Diese Grundlagen müssen wir erkennen – das andere zählt nicht.

"Ich kann für andere nicht so wichtig sein, wie für mich selbst.

Meine eigenen Dinge wiegen für mich schwerer als für die Außenwelt."

Gedanklicher Hintergrund: Wie schnell vergessen wir die Probleme, die Schwierigkeiten und die Mißerfolge anderer! Wie sehr gehen wir über die Erfolge und Freuden anderer hinweg! Genauso geht es einem anderen mit uns. Deshalb darf man die Gewichtigkeit der Frage "Was wird man dazu sagen?" nicht überbewerten. Die anderen beschäftigen unsere Probleme, unsere Beschämungen und Mißerfolge nicht so sehr wie uns selbst. Ebenso auch unsere Freuden und Erfolge nicht. Wie sehr haben wir uns sinnlos zerfleischt und geschämt. Wie oft waren wir ganz überflüssig verletzt.

"Meine Worte werden dann im Einklang mit mir selbst sein, wenn ich demjenigen, dem es gebührt, guten Willens die Wahrheit und das Wesentliche sage."

Gedanklicher Hintergrund: Wieviel Energie haben wir mit Geschwätz vertan, wenn wir mit leeren Menschen leere Worte wechselten. Wir haben viel über uns selbst gesprochen und wenig anderen zugehört. Überflüssiges Gerede hat schon viel Übel gestiftet, Zuhören noch nie. Wir sind nicht verpflichtet, immerzu andere zu unterhalten. Es ist nicht nötig, immer Aufsehen zu erregen oder interessant zu sein. Wir müssen lernen, was es sich lohnt, wem zu sagen. Und daß wir schweigen können, wenn wir nichts Wesentliches zu sagen haben.

"Die innere Disziplin stützt uns, wie die Wirbelsäule den Körper. Die äußere Disziplin ist ein Panzer: sie schützt und behindert uns."

Gedanklicher Hintergrund: In der Natur werden die niederen Lebewesen von einem Chitinpanzer geschützt. Von außen sind sie hart, von innen weich. Der Panzer ist eine Wand zwischen ihnen und der Welt. Wenn er durchbrochen wird, sind sie schutzlos. Die höher entwickelten Lebewesen haben eine Wirbelsäule. Sie sind außen weich, ihr Halt liegt innen. Ihre Beziehung zur Außenwelt ist freier, und obwohl sie leichter verletzbar sind, befinden sie sich doch in größerer Sicherheit. Ohne Disziplin zerfällt die menschliche Psyche. Der Weg ihrer Entwicklung ist der notwendige Übergang von der äußeren Disziplin zur inneren Disziplin. Nur die innere Disziplin hilft, den Umgang mit der Freiheit zu lernen. Ohne innere Disziplin macht die Freiheit krank. Deshalb gibt es so viele psychische Störungen.

"Nur die eindeutige Handlung ist wirkungsvoll. Eine unsichere Handlung bringt ein unsicheres Ergebnis."

Gedanklicher Hintergrund: In der Welt herrscht das Gesetz von Aktion und Reaktion. Je nachdem, wieviel konzentrierte Kraft ich in einer Richtung aufwende, so viel konzentrierte Wirkung werde ich auch erreichen. Nur auf konkrete Fragen bekomme ich eine konkrete Antwort. Es gibt grundlegende Lebenssituationen, in denen man nur eindeutig handeln darf. Wenn ich zu grübeln und zu zögern beginne, sollte ich besser nicht handeln. Wenn ich darüber nachdenken kann, ob ich heiraten soll, ob ich ein Kind bekommen oder den Beruf wechseln soll – dann sollte ich es lieber nicht tun. In diesem Fall muß ich warten, bis sich die Dinge in mir eindeutig geklärt haben, erst dann kann ich leicht und bestimmt handeln. Und das trägt auch seine Früchte.

"Meine Lebenssituationen sind gegeben. Darin bin ich bestimmt. Es liegt aber an mir, wie ich mich in diesen Situationen verhalte. Hier liegt meine Freiheit."

Gedanklicher Hintergrund: Einen großen Teil unserer Lebenssituationen – unsere Familie, unsere sozialen Umstände, unsere Krankheiten – bekommen wir nahezu "fertig vorgesetzt", bzw. werden sie von sehr vielen, von uns unabhängigen äußeren Faktoren bestimmt. Die Regulierung unseres Verhaltens liegt jedoch in unserer Macht und hängt von uns ab. So verflechten sich in unserem Leben Determinierung und Freiheit.

Epiktet machte darauf aufmerksam, daß wir uns mit den Dingen befassen sollen, die von uns abhängig sind. In einer vorgegebenen Situation kann man sich auf vielerlei Art verhalten.

Thomas Mann schreibt: "Es kam Peteprês schwere Stunde, vor der ihm immer bange war – und siehe, er brachte sie zu Edlem." Der Wert der Freiheit liegt darin, daß wir die schwierigen Situationen mit unserem Verhalten zu etwas Edlem machen.

"Der Anspruch führt zu Realität. Die Realisierung der Dinge beginnt, wenn wir unbeirrt daran denken."

Gedanklicher Hintergrund: Alles, was wirklich wichtig ist, wird auch geschehen in unserem Leben. Unsere Persönlichkeit, unser Charakter und unsere inneren Ansprüche formen gesetzmäßig unser Schicksal. Auf Rufen ertönt auch eine Antwort. Oft können wir beobachten, daß unsere Wünsche und Ansprüche sich ihren Gegenstand suchen. Die Menschen spüren, was in uns ist, und dementsprechend nähern oder entfernen sie sich. Es antworten diejenigen, mit denen wir "auf gleicher Wellenlänge" liegen. In ein und derselben Stadt sind wir mal einsam, mal sind viele um uns. Deshalb hat wohl *Milán Füst* aus Spaß geschrieben: "Inserat. Gegenstand gesucht, Leidenschaften vorhanden!" Wir würden gern verliebt sein – und verlieben uns in jemanden. Was wichtig ist, müssen wir von Tag zu Tag ganz ruhig in uns am Leben erhalten, wir dürfen es auch für keinen Augenblick loslassen. Eines Tages wird es Realität.

"Das lange und gute Leben mißt man nicht in Jahren, sondern in Erlebnissen und Erkenntnissen."

Gedanklicher Hintergrund: Aus philosophischer Sicht kennen wir die Objektivität der Zeit. Doch hat unser Leben auch eine subjektive Zeitordnung. Das psychologische Zeit-Erlebnis ist individuell und spezifisch.

Wie aktuell kann für uns ein Erlebnis sein, das zehn Jahre zurückliegt, und wie gleichgültig läßt uns ein gestriges Ereignis. Wie lange und eintönig können ereignislose Sommermonate sein, die Tage schleppen sich unendlich langsam dahin. Zurückblickend aber erscheint der Sommer wie ein flüchtiger Augenblick. Es ist nichts geschehen, was unsere Erinnerung bewahrt hätte. Wie schnell aber verfliegt die gleiche Zeit, wenn sie voller Erlebnisse ist. Zurückschauend empfinden wir sie als unendlich lang, es ist ja so viel geschehen. So geht es uns auch mit unserem Leben. Deshalb muß man mutig und neugierig leben. Wir dürfen uns nicht fürchten vor den Ereignissen und vor den Risiken der Erkenntnis. Wir müssen den Mut haben, unserem Herzen gemäß zu leben und zu handeln; dann werden wir ein inhaltsreiches und gutes Leben haben, ganz gleich, wie lange es dauert. Das feige Leben ist immer kurz.

Konfutse (AdÜ: im Original „*Kung-Fu-ce*") schreibt:
"Als ich zwanzig war – habe ich viel gelernt.
Als ich dreißig war – wußte ich bereits, was ich wollte.
Als ich vierzig war – stand ich bereits fest und sicher.
Als ich fünfzig war – konnte ich bereits schweigen.
Und als ich sechzig wurde – konnte ich schon meinem Herzen folgen, und habe das Gesetz nicht gebrochen."

6.3.2. Konzentrationsinhalte aus dem Problemkreis der menschlichen Beziehungen

"Der heutige Mensch ist immer markanter das ICH. Deshalb müssen wir die grundlegenden Geschehnisse allein durchleben. Grundlage jeglicher wirklichen Beziehung ist das Akzeptieren unserer Einsamkeit."

Gedanklicher Hintergrund: Aus psychologischer Sicht ist die Entwicklungsgeschichte des Menschen der Prozeß der Entfaltung einer souveränen Persönlichkeit, des "Ich". Die großen Blutsgemeinschaften, Wirtschafts- und Religionsgemeinschaften, die eine totale Identifikation (AdÜ: wörtlich "wirkliches Aufgehen") anboten, haben sich aufgelöst. Die wichtigsten Ereignisse unseres Lebens durchleben wir allein, niemand kann "in unsere Persönlichkeit eintreten", um statt unser zu leben. Wir werden allein geboren, allein durchleiden wir unsere Krankheiten und Ängste, allein durchleben wir unsere Erkenntnisse, allein sterben wir. Wenn wir diese Einsamkeit auf uns nehmen können, wenn wir nicht in falsche Fanatismen und andere Betäubungen flüchten, dann überlasten wir unsere Beziehung zu anderen nicht mit der Forderung nach einer Teilnahme, die niemand geben kann. Dieses Grundgefühl ermöglicht uns echtes Zusammenleben. Denn *helfen* kann man einander viel.

"Kein Gefühl ist ständig heiß entbrannt. Die Gefühle leben, haben einen natürlichen Pulsschlag – Ebbe und Flut."

Gedanklicher Hintergrund: Jede Beziehung hat gute und schlechte Perioden. Eine Beziehung einzugehen heißt, sie auch mit ihren schlechten Zeiten zu akzeptieren. Sie kann sich wieder aus dem Tief emporschwingen, wenn wir verständnisvoll dazu beitragen. Wenn wir uns verletzt zurückziehen, dann kann es Probleme geben. Die menschlichen Verbindungen wachsen nicht frei wie Unkraut – man muß sie umhegen und pflegen wie edle Pflanzen.

"Der Mensch ist kein Eigentum. Eine wirkliche Beziehung entsteht aus der Gemeinschaft zweier freier Menschen."

Gedanklicher Hintergrund: Der Besitz und das Streben nach Ausschließlichkeit sind ein uralter Instinkt. Bringen sie aber uns und unserem Partner Glück oder Leiden? Und wenn sie Leiden und Erniedrigung bewirken, entsteht das dann aus lauter Liebe? Und wenn nicht Liebe die Ursache ist, haben wir dann ein Recht, irgend etwas von dem anderen zu fordern? Unsere Eitelkeit flüstert uns ein, daß unsere Partner oder Freund an niemandem außer uns Freude haben kann. Können wir aber ein Leben lang den Daseinshorizont eines anderen Menschen ausfüllen? Das Zusammensein kann ebenso überdosiert werden wie Medikamente – und das führt zu Vergiftungen. Eine Beziehung kann auch zum Gefängnis werden und sich mit Lügen und rebellierenden Fantasien vollsaugen. Wir sind nicht nur Partner, sondern auch ein Mann und eine Frau, mit den verschiedenen Begleiterscheinungen unseres eigenen Lebens. Zusammenleben kann man nur in innerer Freiheit.

"Der Mensch ist ein unteilbares Ganzes. Man kann nur den ganzen Menschen annehmen oder ablehnen."

Gedanklicher Hintergrund: Die menschlichen Beziehungen und Bindungen sprechen immer den ganzen Menschen an. Wir lieben oder hassen einen Menschen in seiner Gesamtheit. Wir können ihn nicht in einzelne Eigenschaften zerlegen, wir können nicht sagen, daß wir das für uns Angenehme in ihm annehmen und das Störende und Ärgerliche ablehnen. Wir können einen Menschen nicht entsprechend seinen verschiedenen Eigenheiten "tranchieren". Es gibt nur eine Frage: Brauche ich ihn, falls er so bleibt, wie er ist?

"Jede menschliche Beziehung basiert auf der Fähigkeit zum Geben und zum Nehmen. Sie existiert so lange, wie es uns eine Freude ist zu geben und zu nehmen."

Gedanklicher Hintergrund: Die Grundfrage der menschlichen Beziehungen ist: Welche Bedürfnisse befriedigen sie? Wir geben und nehmen immer von neuem: Gedanken, Gefühle, Lebensformen, Sicherheit, sexuelle Freuden. Eine Krise tritt dann ein, wenn wir nicht mehr mit Freude all das – einander und voneinander – geben und annehmen können, was für das Gleichgewicht unseres Lebens wichtig ist. Solange wir wirklich geben können, fühlen wir uns nicht als Opfer, weil die Freude des anderen auch unsere Freude ist. Und solange wir geben können, können wir auch annehmen. Das Gefühl der Aufopferung, das Abwägen, wer besser abschneidet, Angst und Hochmut, die das Annehmen behindern – das alles sind Hinweise und Ursachen für die Krise einer Beziehung, für ein Tief im Zusammengehörigkeitsgefühl.

"Erwachsen ist, wer die Vielfältigkeit und Widersprüchlichkeit seiner Gefühle ertragen kann."

Gedanklicher Hintergrund: Der Mensch ist ein Teil der Welt, die allgemeingültigen Gesetze beziehen sich auch auf ihn. Auch für die menschliche Psyche sind Einheit und Kampf der Gegensätze die grundlegende Kraft zur Veränderung. Das zeigt sich im Nebeneinander von gegensätzlichen Sehnsüchten und Ansprüchen, von gegensätzlichen Gefühlen, Instinkten und gegensätzlichen Meinungen in unserer Seele. Wir wollen Sicherheit, aber auch die Freiheit des Abenteuers. Wir bewahren unsere Gewohnheiten und wollen uns auch verändern. Wir lieben jemanden, doch manchmal langweilt er uns oder wir hassen ihn, lieben vielleicht sogar jemand anderen. All das müßten wir ohne Schuldgefühle in uns selbst und, ohne gekränkt zu sein, auch bei anderen akzeptieren. Es ist nicht unsere Aufgabe, etwas vorzutäuschen, sondern unsere inneren Widersprüche im Gleichgewicht zu halten.

"Im Dunkeln und in der Kälte kann man nicht leben. Wir müssen das Licht und die Wärme unser selbst und unserer Beziehungen bewahren."

Gedanklicher Hintergrund: Jede Licht- und Wärmequelle erlischt und kühlt aus, wenn sie kein Brennmaterial, keine Nahrung bekommt. Das Brennmaterial der Beziehungen ist die Zuwendung, die Sorge. Das Zusammenleben zweier Menschen wird vor allem durch die Gewohnheit und den grauen Alltag gefährdet. In einer dauerhaften Beziehung hat jeder ein Recht auf Zärtlichkeit, auf Verführung und Zuwendung, auf die Stimmungen, die zur Zeit des Werbens selbstverständlich waren. Ohne dies alles wird jede Beziehung verdunkeln und auskühlen. Die Ursache liegt meistens nicht einmal darin, daß wir nicht mehr lieben, sondern daß wir träge und faul wurden. Man muß einen zu hohen Preis dafür zahlen. Der Mensch aber wendet sich – wie die Pflanze – immer dem Licht und der Wärme zu.

"Für einen Menschen muß man alles auf sich nehmen. Für eine Situation nicht."

Gedanklicher Hintergrund: Solange ein Mensch wichtig für uns ist, muß man alles auf sich nehmen für ihn, und es wird sich lohnen. Das ist eine wirkliche Verpflichtung. Wenn es aber nicht um den Menschen geht, sondern um das Erhalten einer Situation: die Wohnung, die soziale und materielle Sicherheit, der Schein, die Meinung der Umgebung – dann haben wir es mit Opportunismus zu tun. Auch das kann man akzeptieren, aber nur ehrlich und aufrichtig, wenigstens vor uns selbst; wir sollten uns nicht mit Ausreden selbst täuschen: mit den Interessen der Kinder, mit moralischen Bedenken, mit der Rücksicht.

Unser mangelnder Mut zum Neubeginn, unsere Angst vor Veränderung und dem Alleinbleiben kann das Zusammenleben erschweren, aber aufrechterhalten. Eine saubere Beziehung läßt sich aber nicht auf Lügen aufbauen, sie wird dann ganz sicher zusammenstürzen.

"Man muß zusammen leben, nicht nebeneinander und nicht ineinander. Die siebente Tür bleibt verschlossen."

Gedanklicher Hintergrund: Eine Beziehung kann nicht mehr geben, als daß sie der Frau und dem Mann gleichermaßen zur Entfaltung ihrer verborgenen Möglichkeiten verhilft, damit sie immer glaubhafter und markanter sie selbst sind. Das ist der wahre Sinn des Zusammenlebens zweier souveräner Menschen. Das "Ich" kann sich nicht im "Wir"-Erlebnis auflösen. Doch dürfen sich diese zwei Ichs auch nicht so voneinander entfernen, daß die Beziehung zu einer Einsamkeit zu zweit wird. Das Leben zweier freier Menschen wird durch das Teilen ihrer Gedanken und Erlebnisse, Freuden und Leiden verschmelzen. Doch auch dieses Teilen muß in Maßen geschehen. Jeder Mensch hat das Recht, in seiner Seele eine kleine Kammer nur für sich selbst zu behalten. Das gehört nur ihm. Diese Tür sollte man nicht öffnen wollen.

"Die Geschichte unseres Lebens besteht aus Wurzeln schlagen und Wurzeln herausreißen. Jedes hat seine Zeit."

Gedanklicher Hintergrund: Jede Beziehung ist ein Prozeß, sie kommt von irgendwoher und verläuft irgendwohin. Darauf muß man achten. Sind wir noch unterwegs? Oder wiederholen wir uns nur noch? Was holt das Zusammenleben aus uns heraus? Gutes? Einen Schritt vorwärts, Heiterkeit, Freiheit, Arbeitsfähigkeit? Schlechtes? Nervosität, Einengung, schlechte Laune? Die Beziehung verändert sich, und mit ihr verändern auch wir uns. Es kann vorkommen, daß sich die Wege verzweigen. Wenn wir innehalten und spüren, daß wir nichts mehr miteinander zu tun haben, kann man sich auch ohne Groll und Haß verabschieden. Allerdings sind wir oft dem anderen böse, weil er nicht so ist oder nicht so wurde, wie wir ihn uns vorgestellt haben. Aber er kann ja nichts dafür, daß wir nicht genug Menschenkenntnis besitzen und von ihm etwas erwarteten, das er nicht geben kann. Man muß leichten Herzens Abschied nehmen können, so wie das Blatt sich vom Baum trennt. Man darf nur einmal gehen, dann aber endgültig. Das Ziehen eines Zahnes ist unangenehm, aber zu ertragen. Würden wir aber jeden Tag ein wenig daran ziehen, dann wäre es unerträglich. An einer solchen Scheidung gehen zwei Menschen kaputt.

6.3.3. Konzentrationsinhalte aus dem Problemkreis von Beklemmung, Angst und Schuldbewußtsein

"Gib acht! Heute ist dieses 'morgen', vor dem du gestern so große Angst hattest."

Gedanklicher Hintergrund: Ein ängstlicher Mensch wird vor allem von seiner Einbildung gequält. Er bauscht die furchterregenden Möglichkeiten der Zukunft irreal auf. Ursache dafür ist, daß die Angst sich einen Gegenstand sucht, auf den sie sich richten kann. Wir wollen uns unsere gegenstandslose Ängste wenigstens erklären können. Dieser Prozeß verläuft nachträglich: zuerst ist die Angst da, und dann verbindet sie sich mit einer eingebildeten Möglichkeit. Wie haben wir uns vor diesem "morgen" ganz überflüssig gefürchtet; der Tag ist herangekommen und ist heute schon Vergangenheit, wir haben ihn überstanden, ohne die eingebildeten Schrecknisse vorzufinden. Das ist wie eine Prüfung oder eine Operation. Wie sehr fürchten wir uns davor, und danach sagen wir: Das war alles?

"Was du bist, ist schon Lohn – und auch Strafe für das, was du bist."

Gedanklicher Hintergrund: Wem haben wir Rechenschaft zu geben? Wir müssen zu der Einsicht kommen, daß wir in erster Linie für uns selbst verantwortlich sind und unserem eigenen Gewissen Rechenschaft schulden. Für unsere inneren Angelegenheiten kann uns von außen niemand zur Verantwortung ziehen, dafür gibt es keine Bestrafung oder Belohnung von außen. Über uns urteilen wir selbst. Bei dieser Beurteilung sollten wir aber nicht sinnlos grausam zu uns selbst sein, dann können wir später auch andere besser akzeptieren. Jede nachträgliche Selbstquälerei und jedes Selbstgefühl ist überflüssig. Wir müssen die Folgen unseres Verhaltens selbst tragen – damit wird uns die Rechnung gestellt.

"Ich bin ein Mensch. Nichts ist mir fremd, was menschlich ist, weder in mir noch in anderen."

Gedanklicher Hintergrund: Man kann das Leben nicht in "makellos weißer Weste" durchschreiten. Wir müssen uns selbst treu sein und nicht eingebildeten Idealen nachjagen. Wir quälen uns häufig selbst, weil wir mangels einer angemessenen Selbstkenntnis das Maß irreal hoch ansetzen. Wir fordern uns etwas ab, dem wir nicht entsprechen können. Und so kann unser Schuldbewußtsein und unser Gefühl, versagt zu haben, zu einem Dauerzustand werden. Man muß mit menschlichem Maß urteilen, ganz gleich, ob es um uns selbst oder um andere geht. Niemand muß vollkommen sein. Es reicht durchaus, danach zu streben, zu versuchen, ein wenig an sich zu feilen. Das ist erreichbar. Vollkommenheit erreichen zu wollen, ist prinzipiell aussichtslos.
Es drängt sich vieles zusammen in einem Menschen, Licht und Schatten, Gutes und Schlechtes – das macht ihn zum Menschen.

"Wer das äußerlich Realisierbare mit dem innerlich Möglichen verwechselt, denkt falsch."

Gedanklicher Hintergrund: Die objektive Realität bietet uns vielerlei Möglichkeiten. Viel enger als diese ist der Bereich, zu dem wir subjektiv fähig sind. Es ist absolut überflüssig, uns mit der Frage zu quälen: Was wäre, wenn …? Wenn wir unsere Vergangenheit unvoreingenommen überprüfen, werden wir eindeutig feststellen, daß uns zwar viele Wege offen standen, wir aber immer das getan und gewählt haben, zu dem wir die innere Möglichkeit hatten. Deshalb kann man sein Leben nicht "verpfuschen".

"Niemand kann von uns Rechenschaft fordern, warum wir nicht so sind wie ein idealisierter Romanheld oder ein Engel. Warum wir aber nicht wir selbst sind – das schon."

Gedanklicher Hintergrund: Wir können nicht jeder Erwartung an uns entsprechen und nicht jedermanns Ansprüche bedienen. Die Menschen sind sehr verschieden und fordern so Verschiedenes und Gegensätzliches von uns, daß wir uns bis zur Vernichtung zerteilen müßten, wenn wir es jedem recht machen wollten. Wir können nicht für jeden ein guter Mensch sein, wir können nicht für jedermann der geliebte "Benjamin" sein. Das kann nicht das Maß für unser Verhalten sein. Wir müssen zwischen den Erwartungen selektieren und wählen. Das Maß dafür ist unsere eigene Überzeugung und unser Gewissen. Deshalb müssen wir gegebenenfalls "nein" sagen können. Nur der charakterlose Konformist hat keine Feinde. "Geh deinen Weg und kümmere dich nicht, was andere sagen!" – das war eine der Devisen von *Marx.*

"Es gibt keine andere Sünde, als die menschlichen Werte zu verletzen und sinnlos Leid zu verursachen, nicht zu retten und zu lindern, wo es möglich ist."

Gedanklicher Hintergrund: Die Menschen versehen viele Dinge unberechtigterweise mit dem Etikett der Sünde. Damit schützen sie die Konventionen, die Gewohnheiten, die Interessen, den Anstand und die wandelbaren Moden der Moral. Der größere Teil des uns quälenden Schuldbewußtseins ist nicht gerechtfertigt. Diese Verwässerung der Moral verschleiert ihren eigentlichen Wert: der Schutz der menschlichen Werte und Würde. Uns aber macht sie unsicher und ängstlich. Wie oft folgen wir nicht unserem Herzen und flüchten vor uns selbst mit Hilfe von Beruhigungsmitteln und Alkohol. Man muß die Werte des menschlichen Lebens in uns und in anderen bewahren und schützen – das versteht man unter Anstand und Ehre.

"Es gibt keine mächtigere Offensive gegen die menschliche Würde als die Angst."

Gedanklicher Hintergrund: Im Vergleich mit den anderen Lebewesen der Erde ist das spezifisch Menschliche an uns, daß wir Persönlichkeiten sind, daß wir fähig sind, uns selbst zu erkennen und das "Ich"-Erlebnis erworben haben. Daraus entsteht unsere menschliche Würde. Die Ängste behindern uns darin, wir selbst zu sein. Häufig kommen wir nicht einmal so weit, aufrichtig und mutig unsere innere Realität und unsere Ansprüche zu erkennen. Oder wir haben nicht den Mut – obwohl wir sehr wohl wissen, wie wir sind und was wir möchten –, dementsprechend zu leben. Ein Mensch, der sich selbst belügt und seiner Umgebung ständig falsche Rollen vorspielt, ist ein erniedrigtes Wesen.

Der größte Teil unserer seelischen Probleme entsteht aus unserer Feigheit. Nur der Mut gibt uns innere Haltung und menschliche Würde.

"Je weiter wir vor unseren Ängsten flüchten, desto größer und bedrohlicher scheinen sie. Gehen wir nahe an sie heran, schrumpfen sie zur Bedeutungslosigkeit zusammen."

Gedanklicher Hintergrund: Das Unbekannte ist immer erschreckend und ängstigt uns. Was wir nicht kennen, das malen wir uns aus. Unsere Vorstellungen werden nicht von realen Grenzen beschränkt. Und so neigen sie dazu, die Dinge maßlos zu übertreiben. Deshalb können unsere Angstphantasien auch immer mehr auswachsen. Dagegen gibt es keinen anderen Schutz, als mutig die Situationen, vor denen wir uns fürchten, in der Realität zu durchleben. Das Erlebnis und die Erkenntnis bringt die überbewerteten Ereignisse auf realen Boden zurück; unsere Ängste beginnen, sich aufzulösen. "Ich habe es durchlebt, habe es ertragen, nun bin ich darüber hinweg." Das ist der reale Weg, die Angst zu zerstreuen.

"Alles verändert sich, vergeht und macht etwas anderem Platz. Auch unsere quälendsten Situationen löst unmerklich die Zeit."

Gedanklicher Hintergrund: Panik und vor allem die depressive Stimmung entstehen häufig aus dem falschen Bewußtsein, daß die Gegenwart für immer und ewig bleibt und daß unsere Zukunft so wie unsere Vergangenheit sein wird. Wir empfinden den Mißerfolg, die Schande und die Leere des Augenblicks als unvergänglich und glauben, daß man so nicht leben kann. Kinder und Jugendliche denken so, deren gedanklicher Horizont völlig von der gegebenen Situation überdeckt wird. Deshalb reagieren sie auch emotional so extrem. Erwachsene haben schon die Erfahrung gemacht, daß ihre unerträglich scheinenden Situationen nach einiger Zeit uninteressant werden und man sich häufig nur noch dunkel, ohne jegliche emotionale Bedeutung an sie zurückerinnert.

"Wir haben drei Waffen gegen die Angst: das Schaffen menschlicher Beziehungen, die Konfrontation und das Akzeptieren unserer Einsamkeit."

Gedanklicher Hintergrund: Ein großer Teil unserer Ängste und seelischen Probleme hängt damit zusammen, daß sich unsere Eingliederung in die Gesamtheit der Welt gelockert hat und unsere "kosmischen" Beziehungen zu den Menschen, den Tieren, den Pflanzen, den Mineralien und den Schöpfungen, die die menschliche Kultur hervorgebracht hat, mangelhaft sind. Unser seelisches Gleichgewicht stellt sich wieder her, wenn wir wenigstens drei Fähigkeiten in uns entwickeln: Wir können mit der Welt im reinen sein – das ist die Fähigkeit, Beziehungen herzustellen. Wir können nein sagen zu allem, gegen das unser moralisches Empfinden protestiert – das ist die Fähigkeit zur Konfrontation. Wir können allein sein, wenn wir es gerade brauchen – das ist das Akzeptieren der Einsamkeit. Sind wir nur zu dem einen oder anderen fähig, geraten wir aus dem Gleichgewicht, dann wird unser Leben einseitig deformiert. Der ganze Mensch kann sich freuen und in Gemeinschaft sein, kann zürnen und verbessern, und er kann mit sich selbst allein bleiben.

Wiederholen wir: Diese Konzentrationsinhalte dienen der Illustration. Wir müssen schließlich dazu kommen, selbst den Gegenstand unserer Konzentration zu schaffen oder auszuwählen. Wir werden die Erfahrung machen, daß die ausgeführte Konzentrationsübung von anhaltender Wirkung ist, daß sie in uns "weiterarbeitet". Es kann vorkommen, daß nach der abendlichen Konzentrationsübung morgens plötzlich die bis dahin nicht gesehene Lösung in uns auftaucht, daß eine Idee entsteht, die eine Hilfe ist.

7. Die Meditation

Die Meditation ist die psychische Übungsform, über die im Bewußtsein der Allgemeinheit die meisten Mißverständnisse und Irrtümer bestehen. Hier scheint es uns ausreichend, zwei der häufigsten Varianten falscher Interpretation der Meditation zu berichtigen. Es ist ein Irrtum, die Meditation sui generis für eine Art mystische Tätigkeit mit transzendentem Ziel zu halten. Es ist unbestritten, daß sich die Meditation innerhalb des Gedankengutes der östlichen Religionsphilosophien entwickelt und später auch in der christlichen Esoterik eine bedeutende Rolle gespielt hat, sie war außerdem ein organischer Bestandteil der in der Mönchserziehung angewandten "Trainingsprogramme". Das besagt jedoch nichts weiter, als daß sich, eingebettet in die Formensprache der gegebenen Kultur und Ideologie, eine Technik entwickelte, die sich weitgehend als geeignet erwiesen hat, die Erziehung der Ich-Kräfte zu unterstützen und die Fähigkeit zur Vertiefung und zu einem inneren Erleben zu verstärken. Die psychischen Inhalte sind gesellschaftlich-historisch bestimmt. Die psychologische und psychische Dynamik und die grundlegenden Gesetzmäßigkeiten ihres Funktionierens aber sind die gleichen, unabhängig davon, in welcher historischen Epoche und mit welchen Bewußtseinsinhalten der Mensch lebt. *Diese Tatsache macht es objektiv möglich, daß wir nach dem Entfernen der historisch-ideologischen Hüllen zu dem klaren, praktisch nutzbaren Wesen der Meditation gelangen und diese in den Dienst der psychischen Entwicklung des in der heutigen Zivilisation und Kultur lebenden Menschen stellen können.* Dementsprechend kann man die Meditation aber auch in irrationale Richtung wenden – sie ist ja nur ein Mittel, das man verwendet, um verschiedene Wirkungen zu erreichen. Sicher ist es kein Zufall, daß die sogenannte transzendentale Meditation, die sich in westlichen Ländern als eine Modewelle verbreitet hat, zu einer Parole wurde. Das zeigt, daß es im gegebenen Fall nicht um die Meditation im allgemeinen geht und man diese Technik u. a. auch in ein mystisches Weltbild eingebunden anwenden kann. Wir gehen diesen Weg nicht. Für uns bedeutet die Meditation nicht eine Entfernung von der Realität, sondern die Möglichkeit einer tieferen Erkenntnis der Realität.

Die zweite Gruppe falscher Vorstellungen verwechselt einfach die Meditation mit der Konzentration. Hier versteht man unter der Meditation eine anhaltende Konzentrierung der Gedanken, man verwendet sie, entsprechend dem Wortgebrauch der Umgangssprache, als Synonym für intensives Nachdenken: man hält es für möglich, daß man "über etwas" meditiert. Hier sollte gleich festgehalten werden, daß das Wesen der Meditation darin besteht, vorübergehend einen psychischen Zustand *gedanklicher Gegenstandslosigkeit* hervorzurufen.

Ziel der Meditation ist es, in Bereiche des psychischen Lebens vordringen zu können, die heute noch nicht direkt erfaßbar sind für das rationale Denken. Deshalb besteht ihr Wesen in der zeitweisen Unterbrechung der Denkaktivität. Der Zustand des gedanklich "leeren Gefäßes" bietet die Möglichkeit, über die unbewußten Sphären unserer Erlebniswelt direkt etwas zu erfahren, indem wir die "Filter" der Logik und Chronologie ausschalten. Die Meditation ist also eines der am tiefsten reichenden Mittel der Selbsterkenntnis.

Die Konzentration gilt als Vorbereitung der Meditation, da sie die Vielfalt und den schnellen Wechsel der frei strömenden Gedanken, Gefühle und Assoziationen auf die Vertiefung in einen einzelnen Inhalt beschränkt. Die Meditation legt nun auch diesen Inhalt beiseite. Sie führt in einen Seelenzustand, in dem wir keine Gefühle und Gedanken haben; wir sind psychisch völlig leer und warten ab, welcher Inhalt in dieses "Vakuum" eingesaugt wird. *Den im Verlauf der Meditation spontan erscheinenden psychischen Inhalt müssen wir danach gedanklich aufarbeiten, verstehen und an seinen Platz tun* – vielleicht nun wieder mit Hilfe von Konzentrationsübungen. In diesem Fall ist der Gegenstand der Konzentration der Inhalt, der durch die Meditation in uns aufgetaucht ist. Die vollständige Übungsreihe sieht also folgendermaßen aus: Wir entwickeln mittels der Grundübungen und der Konzentration unsere Fähigkeit zur Meditation. Dann folgt die Meditation, unsere innere "Entleerung". Wenn dabei ein Erlebnis entsteht, arbeiten wir dieses mittels erneuter Konzentration auf.

Die Meditation kann man ohne *abwartende Geduld*, durch die

wirkliches Erkennen erst möglich wird, nicht durchführen. Die Meditation ist übrigens eine an uns selbst gerichtete Frage. Der im Verlauf der Meditation auftauchende psychische Inhalt ist eine "Mitteilung über uns selbst, für uns selbst". Das Auftauchen dieser Mitteilung kann man nicht erzwingen oder beschleunigen. Folglich ist die Meditation nur das Erarbeiten einer *Möglichkeit*. Es kann durchaus vorkommen, daß während der Meditation nichts geschieht. Dann beenden wir nach einiger Zeit den Zustand der Entleerung und setzen unsere alltäglichen Arbeiten fort. Das ist kein Mißerfolg.

Die Meditation an sich trägt sehr viel zu innerer Ruhe und Ausgeglichenheit bei. Wenn dabei auch noch ein Erlebnis entsteht, ist das schon fast eine "Zugabe". Überlassen wir das der Dynamik unserer Psyche: was wirklich in uns an die Oberfläche will, das wird früher oder später im Verlauf der Meditation auftauchen.

7.1. Die Entwicklung eines für die Meditation notwendigen psychischen Zustandes

7.1.1. Die Umgebung

Mit den Meditationsübungen können wir nur beginnen, wenn wir mit Sicherheit mindestens eine Stunde lang ohne jegliche äußere Störung sein werden. Für die Meditation ist eine sehr ruhige Umgebung notwendig. Das kann ein abgeschlossener Raum sein oder unter freiem Himmel eine ruhige Lichtung, eine versteckte Ecke im Garten usw ... Wichtig ist, daß wir nicht gesehen und nicht gestört werden. Für den äußeren Betrachter ist der Anblick eines Meditierenden unverständlich, manchmal sogar komisch.

Die Ruhe der Umgebung ist am Anfang von besonderer Wichtigkeit. Schon Kleinigkeiten können stören, ein tönendes Radio in der Nachbarschaft, Lichtstrahlen, die uns blenden, das Klingeln des Telefons, wenn plötzlich jemand hereinkommt usw ... Später, wenn wir schon sehr geübt sind im Meditieren, werden wir weniger empfindlich auf äußere Störungen reagieren; allerdings ist die Ruhe der Umgebung und ihre verhältnismäßige Stille auch dann unerläßlich.

7.1.2. Körperliche Ausgangsbedingungen

Die Meditation kann man nur im Fall ungestörten körperlichen Allgemeinbefindens durchführen. Krankheit, Fieber, Kopfschmerzen, Schnupfen usw. sind alles Faktoren, die eine erfolgreiche Meditation behindern. Ebenso müssen wir vermeiden, daß wir hungrig, durstig oder im Gegenteil übermäßig satt oder müde sind. Am Tag der Meditation trinken wir keinen Alkohol, nehmen keine Beruhigungsmittel, trinken keinen starken Kaffee oder Tee. Wir müssen auch Sorge dafür tragen, daß während der Meditation keine sonstigen körperlichen Bedürfnisse auftreten.

7.1.3. Verhalten und psychischer Zustand

Wir betrachten die Meditation als unsere eigene innere Angelegenheit, die niemanden auch nur das geringste angeht. Wir rühmen uns nicht, daß wir Meditationsübungen machen. Auch nachträglich sprechen wir nicht davon, was wir während der Meditation erlebt haben. Diese Intimität unseres Lebens sollte kein Gesprächsthema sein, wir benutzen sie nicht, um uns aufzuspielen und uns interessant zu machen.

Nur ein ruhiger Seelenzustand ist für die Meditation geeignet. Wenn wir aufgeregt, müde oder ängstlich sind, wenn im Verlauf des Tages Streit und Affektausbrüche vorkamen, wenn wir Dinge erlebt haben, die uns extrem erschreckt oder geärgert haben – dann verschieben wir die Meditation. Das heißt, daß man sich auf die Meditation bewußt vorbereiten muß, daß man zuvor jegliche Hektik vermeidet.

Und schließlich sollte man die Häufigkeit der Meditationsübungen nicht übertreiben. Mehr als ein- bis zweimal die Woche ist nicht zu empfehlen. Lieber machen wir die Meditation nur in großen Zeitabschnitten – wenn auch monatlich nur einmal –, dann aber unter gesicherten Voraussetzungen.

7.2. Einführende Übungen der Meditation

7.2.1. Die Körpersituation

Die Meditation wird sitzend durchgeführt, auf einer auf der
Erde ausgebreiteten Decke, mit bequem gekreuzten Beinen. Unsere Körperhaltung, d. h. die Wirbelsäule ist gerade aufgerich-
tet, auch der Kopf wird geradegehalten. Erst am Ende der einführenden Übungen können wir unseren Kopf nach vorn beugen oder senken. Unsere Hände legen wir mit den Handflächen
nach oben weisend übereinander in den Schoß.

7.2.2. Die Gedankenmassage

Unter intensiver Konzentration auf unseren Körper "massieren"
wir in unserer Vorstellung unsere Muskeln locker. Wir beginnen
bei unserem Kopf, dann folgen die Stirn, die Schläfen, das Ge-
nick, dann die Nackenmuskeln, danach die Schultern und die
zwei Arme von oben bis zu den Fingerspitzen. Dann machen
wir gedanklich weiter mit den Muskeln des Brustkastens, dem
Rücken, dem Bauch, den Schenkeln, den Knien, den Füßen bis
zu den Muskeln der Zehenspitzen. Währenddessen atmen wir
ruhig und in regelmäßigem Rhythmus durch die Nase.
Durch die "Gedankenmassage" stellt sich ein lockerer Körperzu-
stand ein, wir spüren unseren Körper kaum noch.

7.2.3. Die psychische Entspannung

Es werden verschiedene Techniken angewandt, um den Zustand
der inneren Leere hervorzurufen. Eine der möglichen Methoden verläuft mit Hilfe von Tönen. Hier geht es darum, daß wir
die Vokale in einer bestimmten Reihenfolge und, lang anhal-
tend, leise vor uns hinsingen. Es ist wichtig, daß der Ton kontinuierlich und mit gleichmäßiger Lautstärke klingt; der Ton darf
also nicht zittern, und unser Atem muß lange anhalten. Wir halten den Ton, solange es uns möglich ist. Beim Erklingen der verschiedenen Töne konzentrieren wir uns auf einen bestimmten
Teil unseres Körpers. Wir werden nämlich feststellen, daß jeder
der Töne in einem anderen Körperteil eine gesteigerte Resonanz
bewirkt. Auf ebendiese Resonanz müssen wir achten.

Um den regelmäßigen Rhythmus zu erleichtern, begleiten wir diese singend-lockernde Übung mit einer bestimmten Handbewegung. Genauer gesagt, unsere Hände liegen auf den Schenkeln, unsere Fingerspitzen berühren sich nach einer bestimmten Ordnung, dabei formen die Finger der rechten wie der linken Hand einen kleinen Kreis.

Der Verlauf dieser Lockerungsübung sieht wie folgt aus:

kontinuierlich klingender Ton	resonierender Körperteil, auf den wir achten	Finger, die sich berühren
I: iii	der Kopf	kleiner Finger – Daumen
E: eee	die Kehle	Ringfinger – Daumen
A: aaa	der Brustkasten	Mittelfinger – Daumen
O: ooo	der Bauch	Zeigefinger – Daumen
U: uuu	alle Körperteile von den Lenden abwärts	beide Hände liegen wieder locker aufeinander im Schoß

Diese Übung können wir einige Male wiederholen, langsam und ruhig, bis eine vollständige Lockerung und Leere erreicht ist. Wir werden feststellen, daß sich unser Körper spontan nach vorn neigt, und sich auch unser Kopf senkt, unsere Atmung wird kaum wahrnehmbar und flach. Still und mit geschlossenen Augen bleiben wir so.

7.2.4. Die Wirkung der Meditation

Dieser Zustand innerer Entleerung, den wir Meditation nennen, ist aus psychologischer Sicht von zweifacher Wirkung. Zum einen trägt er sehr viel zum Erreichen eines ruhigen, ausgeglichenen Zustandes bei. Seine psychohygienische Bedeutung liegt gerade darin, daß er zu einer Pause verhilft im Strom der sich ständig anstauenden Reize, Gedanken, Emotionen und Affekte, daß er ihr Spannungsniveau reduziert und damit Möglichkeit und Zeit sichert zur Aufarbeitung der Erlebnisse und zur Realisierung der spontanen Regeneration der Psyche. Das allein ist schon ein nicht zu unterschätzendes Ergebnis.

Zum anderen können im Verlauf der Meditation bestimmte psychische Inhalte erscheinen – es können Bilder aufblitzen, es kann sich ein Gedanke herauskristallisieren, es kann ein Gefühl auftauchen –, das heißt, wir gelangen zu Informationen über uns selbst, über unsere Beziehungen und Situationen, die uns nur in dieser inneren Stille bewußt werden können, ansonsten werden sie von den äußeren Reizen und der zerstreuten Aufmerksamkeit unterdrückt. Diese feinen, oft verdrängten psychischen Inhalte können nicht selten sehr bedeutend sein für uns. Die Meditation macht sie uns zugänglich und dann aufarbeitbar. Diese Wirkung der Meditation bedeutet, daß unsere Selbstkenntnis und unsere Bewußtheit wächst und sich die Kontrolle unserer psychischen Prozesse verstärkt. Unsere spontanen Reaktionen werden uns weniger "Überraschungen" verursachen, wir lernen es, besser mit uns selbst umzugehen, manchmal werden Ereignisse unseres Lebens umbewertet, oder es werden wenigstens neue Aspekte deutlich. Kurz, wir können immer mehr wir selbst sein, und vielleicht können wir auch an uns und unserer Lebensführung etwas feilen und verändern.

8. Kurzes Nachwort

Damit ist das Buch der "Inneren Wege" beendet. Wir haben bei der Entwicklung der elementaren psychischen Funktionen begonnen, haben uns mit der psychischen Instandhaltung unseres Alltages und mit der bewußten Regulierung unserer Gefühle befaßt und sind bis zur Konzentration und Meditation gelangt.

Ziel war es, denjenigen ein ausgesprochen praktisch anwendbares "Handbuch" zur Verfügung zu stellen, die das Bedürfnis haben, an sich selbst zu arbeiten mit ganz bewußtem Kraftaufwand, um Wege zu suchen für die Lösung der Konflikte des menschlichen Lebens. Deshalb haben wir jede noch so naheliegende theoretische Erörterung und tiefere Analyse der Wirkungsmechanismen dieser Übungen vermieden. Wir vertrauen dem feinen Ohr des interessierten und wohlwollenden Lesers; er wird verstehen, daß wir das uralte Wissen um den Menschen und die Ergebnisse der modernen Wissenschaft in den Dienst des Menschen stellen wollen, damit er sein Leben freudvoller gestalten und seine Würde vervollkommnen kann. Bestrebungen und Tendenzen, die den Menschen in für das intellektuelle Verständnis unzugängliche Gebiet locken wollen, sind immer verdächtig. Eine Grundregel sollte sein, daß man nie eine Übung durchführt, über deren zu erwartendes Ergebnis man sich nicht ganz genau im klaren ist. Wir müssen immer wissen, welchem Gebiet unseres seelischen Lebens wir uns zuwenden und warum, im Interesse welcher Wirkungen und welcher Konsequenzen. Wir haben uns darum bemüht, daß das Buch diesen Forderungen gerecht wird, daß es verschiedene verschwommene Vorstellungen klärt und die Arbeit an sich selbst auf das Niveau des Bewußten hebt.

Wir wollen nicht die Geduld des Lesers mit Wiederholungen strapazieren. Doch man kann sich nur allzu leicht mißverstehen. Deshalb sei noch einmal betont, daß *die Übungen in diesem Buch keinerlei Psychotherapie oder psychiatrische Behandlung er-*

setzen können. Auf diesen Seiten wird man keine "Hausrezepte" für die Selbstheilung finden, weil es solche nicht gibt. Alles, was hier niedergeschrieben wurde, ist lediglich verwendbar zur Vorbeugung gegen Schwankungen unseres psychischen Gleichgewichts, es soll eine Hilfe sein in dem Kampf, den jeder gesunde Mensch in dieser oder jener Periode seines Lebens mit sich selbst und in sich selbst ausficht; es soll Trainingspartner sein bei dem Versuch, den unvermeidlichen Lasten des Lebens gegenüber widerstandsfähiger zu sein, mit anderen und nicht zuletzt mit sich selbst verständnisvoller und toleranter zusammenleben zu können.

Abschließend muß ich darauf hinweisen, daß der Inhalt dieses Buches, offen gesagt, nur ein "minimales Programm" sein kann, oder besser eine Auswahl aus der Fundgrube des angesammelten, praktisch verwendbaren Wissens über den Menschen. Es ist ein Versuch, im mehrfachen Sinne. Ein Versuch, einfach, allgemeinverständlich und praktisch anwendbar über Fragen zu sprechen, die dem Laien durch die Fachsprache der modernen Psychologie meist verschlossen sind. Ein Versuch, die Überzeugung zu wecken, daß der Mensch für sich selbst verantwortlich ist! Ein Versuch, herauszufinden, ob es überhaupt einen Bedarf für ein derartiges Buch gibt. Die Antwort auf all dies wird entscheiden, ob wir die detaillierte und tiefere schöpferische Abhandlung dieser Fragen in Angriff nehmen werden. Das Wort "schöpferisch" ist in diesem Fall von bescheidenem Inhalt. Es wäre eher von Sammeln, Reinigen und Adaptieren zu reden, denn nur das ist die Aufgabe des Autors.

Wir vertrauen darauf, daß diese kurze Arbeit eine Hilfe für die psychische Gesundheit und die menschliche Haltung sein wird, im Dienste des Programms von *Attila József* in seinem Gruß an *Thomas Mann:*

Das ist's: Wenn du sprichst, brennt noch unser Licht,
es leisten auf ihr Mannsein nicht Verzicht
die Männer, Frauen lächeln wunderbar,
noch gibt es Menschen (doch sie wurden rar ...)[1]

(Nachdichtung: *Franz Fühmann*)

1AdÜ: genauer Wortlaut des Verses: Das ist's: wenn du sprichst, werden wir nicht schwächer, wir Männer bleiben Männer
Und die Frauen Frauen – frei und freundlich
Und alle Menschen, denn die werden rar...

Literaturverzeichnis

Allport: G.: Az elöitélet. (Das Vorurteil) Gondolat, Budapest, 1977.
Allport, G.: A személyiség alakulása. (Die Entfaltung der Persönlichkeit) Gondolat, Budapest, 1980.
Argyle, M.: The Psychology of Interpersonal Behaviour. Penguin Books, London, 1975.
Assagioli, R.: Self-Realization and Psychological Disturbances. Psychosinthesis Research Foundation, New York, 1961.
Berne, E.: Games People Play. Grove Press, New York, 1964.
Chang, G.: The Practice of Zen. Harper and Row, New York, 1970.
Chatterjee, S. – Datta, D.: An Introduction to Indian Philosophy. Univ. of Calcutta, 1960.
Cusanus, N.: Die Kunst der Vermutung. C. Schünemann, Bremen, 1957.
Datta, D.: The Six Ways of Knowing. Univ. of Calcutta, 1959.
Digambarji, S. – Raghunathashastri, K.: Hathapradipika of Svátmáráma. Kaivalyadhama, S.M.Y.M. Samiti, Lonavla, 1970.
Eckermann, J. P.: Beszélgetések Goethével. (Gespräche mit Goethe) Magyar Helikon, Budapest, 1973.
Erasmus, Rotterdami: a balgaság dicsérete. (Lob der Torheit) Helikon, Budapest, 1958.
Freud, S.: A lélekelemzés legújabb eredményei. (Die neuesten Ergebnisse der Psychoanalyse) Ampelos, Debrecen, 1943.
Fromm, E.: The Art of Loving. Harper and Brothers, New York, 1957.
Fromm, E. – Susuki, R. de Martino: Psychoanalysis and Zen Buddhism. Harper and Row, New York, 1961.
Galperin, P. J.: Razvityije iszledovannyij po formirovanyii umsztvennih gyejsztvij. Pszich. Nauka v SzSzSzR, Moszkva, 1959.
Goffmann, E.: The Presentation of Self in Everyday Life. Edinburgh Univ. Press, 1956
Goffmann, E.: Interaction Ritual. Penguin Univ. Books, London, 1969.
Goffmann, E.: Encounters. Penguin Press, London, 1972.
Green, E.: Preliminary Report on Voluntary Control Project: Swami Rama. Research Dept. the Menninger Foundation, Topeka, Kansas, 1970.
Green, E.: Psychophysiological Training of Creativity. Research Dept. the Menninger Foundation, Topeka, Kansas, 1971.

Hines, D. B. – Eachus, H. T.: A Preliminary Study of Acquiring Cross-cultural Interaction Skills through Selfconfrontation. Aerospace Medical Research Laboratories, Ohio, 1965.
Hartmann, R.: Ego Psychology and the Problem of Adaptation. Int. Univ. Press. New York, 1958.
Hirai, T.: The Psychophysiology of Zen. Igaku Shoin, Tokio, 1974.
Hodson, G.: The seven Human Temperaments. Adyar, Madras, 1977.
Horney, K.: Self-Analysis. Norton, New York, 1942.
Jung. C. G.: Modern Man in Search of Soul. Harcourt, 1933.
Keyserling, G. H.: South American Meditations. Deutsche Verlag Anstalt, Stuttgart, 1958.
Kon, I. Sz.: Az én a társadalomban. (Das Ich in der Gesellschaft) Kossuth, Budapest, 1967.
Krishnamurti, J.: The First and Last Freedom. Harper, New York, 1954.
Krishnamurti, J.: The Urgency of Change. Krishnamurti Foundation, London, 1970.
Kumar, P.: Yoga and Psychoanalysis. International Yoga Research Inst., Delhi, 1964.
Leontyev, A. N.: Razvityije pamjatyi. Izd. Akad., Moszkva, 1964.
Lorenz, K.: On Aggression. Methuen, London, 1966.
Loyola, I.: The Spiritual Exercises. Doubleday, New York, 1963.
Lurija, A. R.: Nature of Human Conflicts. New York, 1932.
Lurija, A. R.: Ob isztoricseszkom rajzvityii poznavatyelnih processzov. Izd. Nauk., Moszkva, 1974.
Marcuse, H.: Negations. Penguin Univ. Books, London, 1960.
Montaigne: Esszék (Essays) Bibliotheca, Budapest, 1957.
Naranjo, C. – Ornstein, R.: On the Psychology of Meditation. Viking Press, New York, 1971.
Northrop, F. S. S.: The Meeting of East and West. New York, Macmillan, 1946.
Steiner, H.-Gebser, J.: Steiner, H.-Gebser, J.: Anxiety, a Condition of Modern Man. Dell Publishing Co., New York, 1962.
Steiner, R.: Die Philosophie der Freiheit. R. S. Verlag, Dornach, 1977.
Steinzor, B.: The Healing Partnership. Harper and Row, New York, 1967.
Tart, C.: Alteres States of Consciousness. J. Wiley, New York, 1969.
Teilhard de Chardin, P.: Az emberi jelenség. (Das Phänomen Mensch) Gondolat, Budapest, 1973.
The I Ching. Routledge and Kegan. London, 1975.
Werneck, T. – Ullmann, F.: Konzentrations-training. W. Heyne, München, 1972.
Wienpahl, P.: The Matter of Zen. New York Univ. Press. 1964.
Vigotszkij, L. A.: A magasabb pszichikus funkciók fejlödése. (Die Entwicklung der höheren psychischen Funktionen) Gondolat, Budapest, 1971.

Gerda Jun

Charakter

Ein Beitrag zur Diskussion eines alten Themas

VEB Verlag Volk und Gesundheit, Berlin 1989
2. Auflage, 7 Abb. u. 4 Fotos, 224 S., Preis 12,00 M

Das in diesem Buch vorgestellte Konzept widmet sich in besonderer Weise der emotional-affektiven Ebene der Persönlichkeit: der Vielfalt menschlicher Gefühle mit individuell unterschiedlichen Neigungen und Abneigungen, Bedürfnissen und Fähigkeiten. Es geht aus von Erfahrungen in der Psychotherapie und integriert Erkenntnisse aus angrenzenden Wissensbereichen, insbesondere aus den Bio- und Gesellschaftswissenschaften.
Dieses Buch enthält Beobachtungen und Fakten, Fragen und Gedanken dazu, was Charakter ist – oder sein könnte; Gedanken und Fragen zur Herkunft, Gegenwart und Zukunft der menschlichen Individualität.

Arnold Großhans

Gesund durch Gymnastik

Bewegungsunterstützung für die
Wirbelsäule und stark belastete Gelenke

VEB Verlag Volk und Gesundheit Berlin 1988
1. Auflage, 83 Abbildungen, 94 Seiten, Preis 4,– M

Die vielfältigen Störungen und Beschwerden des Bewegungsapparates beeinträchtigen das Wohlbefinden und die Leistungsfähigkeit vieler Menschen in erheblichem Maße.
Die Broschüre wendet sich vor allem an Patienten, die, durch unterschiedliche Ursachen bedingt, an Kreuzschmerzen und Gelenkbeschwerden leiden. Aber auch für Ärzte, die die große Zahl der betroffenen Patienten betreuen, könnte der Inhalt interessant sein. Durch Erläuterungen bestimmter Zusammenhänge, Ursachen und Voraussetzungen soll das Verständnis für das Zustandekommen von Störungen und Beschwerden im Bewegungsapparat geweckt werden.
Diesen Beschwerden kann durch das eigene, aktive Dazutun entgegengewirkt werden. Mit einer Auswahl gymnastischer Übungen soll der Leser dabei unterstützt werden, selbst etwas für sich und sein Wohlbefinden zu tun.

hange
das